2021 年度国家社科基金艺术学重大项目
"设计创新与国家文化软实力建设研究"（21ZD25）阶段性

山东工艺美术学院教育服务新旧动能转换专业对接产业项目
（鲁教高字〔2018〕12 号）阶段性成果

老字号企业包装设计研究

栾 滨 著

首都经济贸易大学出版社

Capital University of Economics and Business Press

·北 京·

图书在版编目（CIP）数据

老字号企业包装设计研究 / 栾滨著 . -- 北京 : 首都经济贸易大学出版社 , 2022.8

ISBN 978-7-5638-3356-6

Ⅰ . ①老… Ⅱ . ①栾… Ⅲ . ①老字号—工商企业—包装设计—研究 Ⅳ . ① F279.24

中国版本图书馆 CIP 数据核字（2022）第 080033 号

老字号企业包装设计研究
LAOZIHAO QIYE BAOZHUANG SHEJI YANJIU
栾　滨　著

责任编辑	杨丹璇
封面设计	砚祥志远·激光照排　TEL：010-65976003
出版发行	首都经济贸易大学出版社
地　　址	北京市朝阳区红庙（邮编100026）
电　　话	（010）65976483　65065761　65071505（传真）
网　　址	http://www.sjmcb.com
E-mail	publish@cueb.edu.cn
经　　销	全国新华书店
照　　排	北京砚祥志远激光照排技术有限公司
印　　刷	北京建宏印刷有限公司
成品尺寸	170 毫米 ×240 毫米　1/16
字　　数	205 千字
印　　张	9.5
版　　次	2022 年 8 月第 1 版　2022 年 8 月第 1 次印刷
书　　号	ISBN 978-7-5638-3356-6
定　　价	55.00 元

编委会

主　　编：孙　磊

副 主 编：朱爱军　郑建鹏　魏子杰

编委会成员：胡宏宇　李曰辉　张才忠　周美丽　姜　芳

　　　　　　王　佳　侯晓熙　闫梦真　孙　琦　邓福生

　　　　　　陈皎媛　申家璇

总　序

　　企业像人一样，都有其生命周期。有的企业如昙花一现，有的企业却能基业长青。以"老字号"为例，日本目前拥有超过 3.3 万家百年老店，占全球百年老店总数的 40% 以上，在此次疫情肆虐期间，这些老店仍然保持较好的发展态势。那么，这些生命力顽强的"老字号"得以延续并保持基业长青的关键能力是什么？

　　达尔文在《物种起源》中有过这样的经典论述："存活下来的不是那些最强壮的种群，也不是那些智力最高的种群，而是那些对变化做出最积极反应的种群。"对变化能做出快速反应并及时融入组织的这种能力，其实指的就是创新能力。老字号企业秉持的创新精神往往体现在采纳创造性的观点并使之成为现实，以及贯彻实现这些观点的整个过程中。持续创新方能保持持久成长，没有创新就意味着死亡。创新不只是产出新的产品或服务，还包括执行新的业务程序，采用新的工作方法、鲜明的市场路线和企业战略。设计是非技术领域创新的核心要素，设计创新不仅意味着产生新的商品或商业机会，而且指以原创或是经过改进的产品、服务、流程等形式实现新想法在实践中的成功应用。因此，设计创新需要具备将创意、技术实施以及对用户需求的理解融合在一起的综合能力。

　　毫无疑问，当前老字号企业面临的挑战和机遇之一，就是如何将设计创新作为一项关键能力纳入企业经营中，确保以更好用、更好看、更具创新性的产品，以及更优化的流程和服务惠及更多消费者，从而保持组织长寿和基业长青。可以说，今天以及未来的企业，不应把设计看作一种外围的或专家的活动，而应视之为产业链中的重要一环，也就是将其视为企业在市场变化中的重要生存手段和发展资源。要有效地运用设计，一方面，就必须把设计放在一个宏观的、富于创新的产业环境中来看。在这一过程中，设计被视为一种有目的的创造性应用，以使企业的产品或服务包含更具竞争力的创新元素，使之在经营活动和流程中发挥创造潜力，如战略、行销、创建品牌、营运、发现新机会、趋势预测以及产品改进和降低成本等方面；另一方面，设计创新需要企业在保持传统和适应迅速变化的市场环境之间找到某种平衡。"老字号"的建设需要稳定和平衡，其设计创新的目的也是求得更高水平的稳定和平衡。不思进取、不求创新固然会导致企业落后甚至被淘汰，但过度、不遵循企业发展规律的改变也会破坏乃至毁灭企业，更不用说使之基业长青了。

中华老字号是数百年商业和手工业竞争中留下的珍品，拥有世代传承的产品、技艺和服务，具有鲜明的中华民族传统文化背景和深厚的工匠精神内涵，是赢得了社会广泛认同以及具有良好商誉的老店铺、老产业、老品牌。时至今日，许多老字号品牌凭借"良好信誉"、"匠人精神"以及"感知质量"而成为网红爆款，走进互联网和数字经济时代，重回大众视野。在消费升级的趋势下，以往一些强调商品外在物质形态的消费观正在悄然发生变化，消费者亟待建构与新时代生活和消费相匹配的价值观：一种与"炫富"没有紧密联系，而是强调精神的坚守、文化的自觉、共情的意义以及自我选择的新型价值观。这种强调商品内涵的新型价值观，将消费的意义指向对文化和设计的渴求。在这种背景下，文化品性与设计手段成为提高和维系受众之商品感知质量的主要因素，而要提高人们对商品的感知质量，则要在增加商品的吸引力，提高用户的忠诚度、购买产品的倾向性和重复性以及增强商品的市场竞争力等多个方面加以努力。

毋庸置疑，"老字号"的发展要"有中生新""守正创新"，一方面要依托传统品牌优势，另一方面要通过设计提高产品的文化感知质量来增加老字号发展动能，让老品牌依托设计焕发生机。"老字号"对"X世代""Y世代"，尤其是对"Z世代"的关注，不仅仅是对某一个消费群体的解读，更是对这个多元互联时代的解读，体现了其对这个迅速变化世界的敏锐度。这种敏锐度影响着人们的思考、判断和决策，由此影响了商品设计、沟通方式、品牌包装、新零售法则等各个商业环节，进而决定着"老字号"的发展和未来。

老字号品牌虽"老"，但在互联网和数字经济推动下，不少老字号借助新设计、新技术赢得了新用户，开拓了新市场，为其他"老字号"的发展提供了可资借鉴的方法和思路。当然，面对多变的市场冲击，老字号企业整体上还存在很多设计瓶颈和创新阻碍。根据商务部数据调查显示，目前已认定的中华老字号企业总计 1 128 家，而蓬勃发展中的企业仅占其中的 10%，与日本等发达经济体之间存在较大差距。总体看来，大部分老字号企业存在创新发展的困境，如商品设计动力不足、组织结构陈旧、人力资本匮乏等，这些都成了阻碍"老字号"发展的障碍。

本丛书正是基于这样的思考，在山东省实施新旧动能转换重大工程的背景下，依托山东省教育服务新旧动能转换专业对接产业重大项目支持，针对老字号企业设计创新不足的现实问题而策划、打造的。新旧动能转换，究其本质而言是一场深刻的思想观念、生产方式、管理模式、运行机制变革。老产业要不断生发新动能，老字号要不断培育壮大，这既需要市场这个"无形之手"的推动，也需要政府"有形之手"的引导。为聚焦、服务老字号新旧动能转换，2019 年 3 月，山东工艺美术学院与山东省老字号企业协会共同发起成立"山东省老字号文创产业创新成果转化中心"。该中心是山东工艺美术学院与山东省老字号协会着力构建设计驱动、集成创新、协同服务和互惠共赢产教融合平台的一项重要举措。通过该设计创新成果转化中心，我们加强与全省 300 余家老字号企业的深度合作，积极构建与推进"专业群＋企业群＋产业群"协同创新的专业对接产业实践模式，将企业需求转化为项目任务，同时将项目需求转化为企业发展的内容，从而实现高校与企业的深度融合发展，助力老字号企业在新消费和新零售背景下，通过设计创新拓宽产业链，提升价值链。

本丛书通过一些实际发生过的案例讲解相关设计方法，这些方法是对企业经营、产品开发、品牌建设、传播设计、创新管理进行的概括性、全面性总结。事实上，绝大部分的老字号企业在其漫长的发展史上都曾出现过主营业务的转型，它们的"长寿"秘诀和生命力来源就在于不断改变以适应环境，以及保持了不断创新的能力，包括凝聚、宽容、专注和设计等方面的能力。希望本套丛书能更好地帮助更多老字号企业提高认知和思维水平，以实现守正创新，基业长青。

受笔者的学识水平所限，书中存在的不足和错误，恳请读者、同行批评指正。值此付梓之际，笔者谨向山东省教育服务新旧动能转换专业对接产业项目管理方、山东省老字号企业协会、首都经济贸易大学出版社以及所有关心支持本书编写的朋友们致以衷心的感谢。

孙　磊

2022 年 5 月 1 日

前 言

在古代，人们使用天然材料对食物和水资源进行存储和运输。随着社会的不断进步，人们逐渐学会使用陶制品和木制品来进行包装，这样可以更好地对产品进行转移。古代以就地取材为主，比如用树皮制作肉类包装、用贝壳制作水杯、用树叶制作水果容器等。随着生产力的发展，木制品、陶制品的质量也在不断地提高，人们在就地取材的基础上开始对木制品进行简单的装饰，篆刻上相应的纹路。在史前文化中，篆刻的大部分内容是生活中的各种场景，之后不断发展到使用几何纹路。有了朝代的概念之后，为了统一人们的思想，出现了更多具有教化意义的图像，如饕餮纹等。这些未加工或轻加工的原始包装产物以实用为主、装饰为辅。

东汉时期，蔡伦发明的造纸术产生了巨大的影响，他总结了之前造纸的技术经验，升级了西汉所用的造纸术，使得常用材质从布变成了纸张。纸的稳定性更好，并且价格低廉，从而推动了中国乃至世界的文明进步。唐代，雕版印刷术被发明并应用，宋代又发明了活字印刷术，为以后印刷包装的发展提供了坚实的基础。

老字号企业品牌承载了几代人的记忆和感情，是中国政治、经济、人文历史上的特殊产品，具有相当重要的价值。但在中国市场高速发展的大背景下，新品牌竞相出现，行业消费不断提升，对老字号品牌的发展提出了巨大的考验。部分老字号品牌由于没有创新能力或者缺乏市场竞争意识而没能实现重大转变，逐步走向了衰落。根据中国老字号品牌的发展状况和历史，亟须改善中国老字号品牌视觉形象，进一步保护和传承祖国的优秀传统商业文化。

目 录

上 篇

中　篇

下　篇

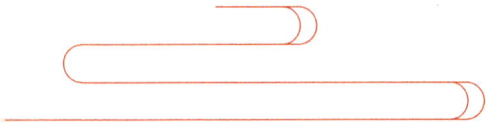

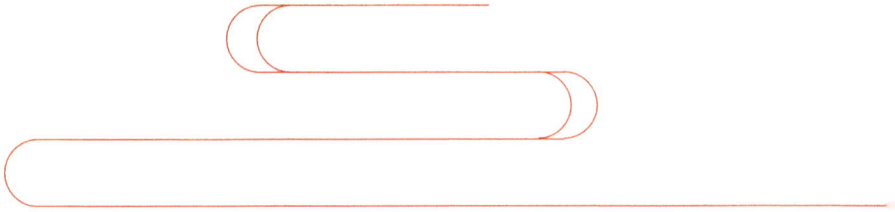

上 篇

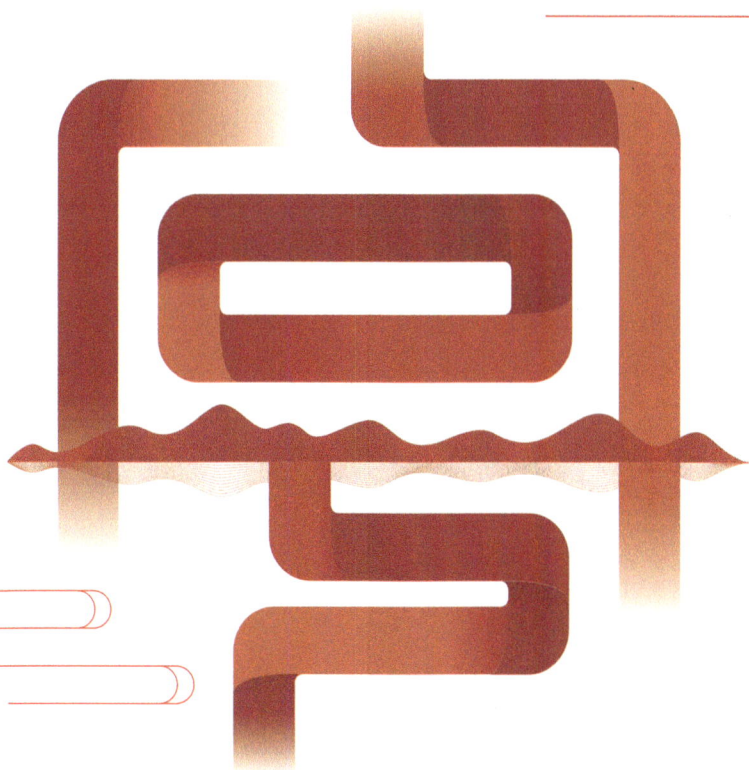

第一章

老字号企业包装设计概念

第一节　包装设计在中国

　　雕版印刷术诞生于唐朝，它是盖印技术和拓石技术的结合。唐朝是一个宗教文化盛行的朝代，佛、道流行，三大宗教交相辉映，因此有大量的经文抄写工作。雕版印刷术为统治者教化民众提供了便利的手段，也为中国文化在世界站稳脚跟奠定了基础。比如我国的雕版印刷品《金刚般若波罗蜜经注解》就比欧洲的雕版印刷品《梅因兹圣传篇》早了一百七十多年，这是中华民族文化深厚的体现（见图1-1）。

　　宋代的毕昇发明了活字印刷术，自此拓印的材质有了更丰富的表达。用来拓印的板材有木版、胶版、铜版，其中最受欢迎的是胶版印刷，因为这种印刷的重塑能力强，但价格高昂。北宋科学家沈括在自己的作品《梦溪笔谈》中也描述过关于胶水与泥活字的故事："每字为一印，火烧令坚。"把印刷行业推上顶峰的是当时政府所需要的货币——交子。交子是用多种不同花色的印拓版交叉叠加后印制而成的，需求量大，推动了印刷产业的发展。

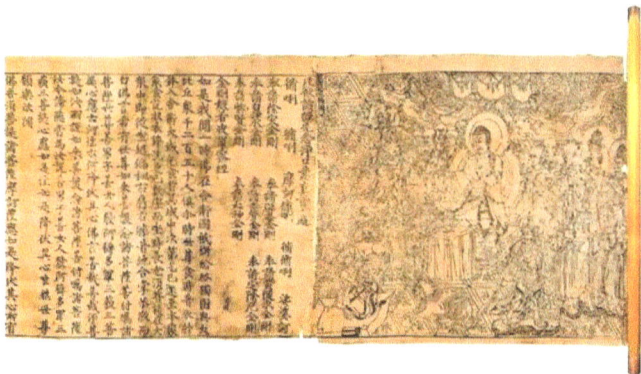

图1-1　金刚般若波罗蜜经注解

　　说到中国的商标文化历史，济南刘家功夫针铺的商标形象陈列在上海历史博物馆内，这个商标是我国存留的最早的商标。济南刘家功夫针铺的商标

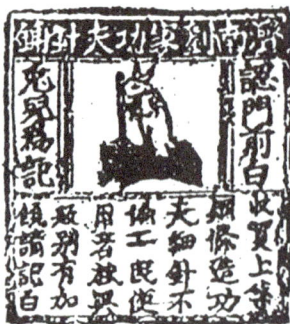

图1-2　济南刘家功夫针铺商标

上还印有"认门前白兔儿为记"的地址和"收买上等钢条造功夫细针，不误宅院使用，转卖兴贩，别有加饶，请记白"的广告语，商业化的丰富程度之深、商标制造日期之早，实乃世界罕见（见图1-2）。

　　到了近代，我国开始拥有了自己的近代造纸工业，20世纪20年代，我国的企业家开办了中国第一家纸板公司——天津振华纸板公司，随后相邻的城市也开办了自己的纸板工厂。随着技术的提高，到了20世纪60年代，我国的造纸技术逐渐追赶上世界水平，瓦楞纸、重型纸、纸浆模塑等工厂相继建成自动化生产线，造纸速度也渐渐跟了上来。

　　最初的包装材料是各种天然材料，随着生产力的发展，天然材料的重复利用率也有所提高。随着制造水平的上升，材料种类在不断地丰富，例如竹子、粽叶、树皮、麻叶等。红色是中国传统民俗的喜庆色彩，因此红色经常被使用在中华民族的包装系统当中。受时代和地域的影响，包装的色彩倾向不一样。接着我们来分析三个地域的视觉倾向：内蒙古、湘西、北京。

　　内蒙古地区使用最多的产品包装设计色彩是生机盎然的绿色和神秘高贵的蓝色。绿色是大草原的颜色，而对于蓝色的崇拜来源于元代流传下来的宗教文化。图 1-3 展示的蒙古奶糖包装是通过借鉴蒙古包的形状、草原中生机盎然的绿草和回纹图案等要素来完成设计的，反映出内蒙古的地方特点。

　　关于湘西地区，我们以土家族产品包装为主要介绍对象（见图 1-4）。土家族醋鱼的产品包装设计将湘西地区的竹藤特色发挥到一定程度，再加上中国人喜闻乐见的红色贴纸，在体现湘西地区本土文化的同时也烘托出了热闹的喜庆氛围。纸盒的装饰使用了具有土家族特点的图案，暗蓝色、草绿色和红色相互运用，可见土家族的文化是淳朴的、热烈的、充满激情的。

图 1-3　蒙古奶糖包装　　　　　图 1-4　土家族醋鱼包装

　　北京是中国的政治、文化中心，北京的包装设计还保留着京味十足的传统文化特质。从故宫文创包装案例中我们可以看到红、黄两色相渐与包装四周蓝色的点缀，传统贵族气质浓郁（见图 1-5）。

图 1-5　故宫文创包装案例

以上的三个案例不仅体现了中国文化的丰富程度，更提醒包装设计师应该注重当下的时间和地点，汲取当地的生活文化特点、民俗风情文化等元素。设计中我们不仅要考虑当下的工艺水平，还要考虑产品对于包装技术的需要。对于不同的产品，包装需要有遮光、透气、密封、防潮、防腐、防震等功能，比如电子器械产品十分需要密封良好的包装，而植物需要有足够的空间来透气。包装不仅有保护产品的功能，还具有美化产品的功能。如图 1-2 中的济南刘家功夫针铺商标，上面不仅有这家店铺的商标、名字、广告语，还有一只兔子的插画设计，开创了中国的包装设计装饰与实用统一的先河，是我们学习的榜样。

民国时期的中国是思想变革最为激烈的时代。人们学习西方科技文化的激情进一步高涨，经济、文化甚至政治思想都紧跟西方的资本主义潮流，当时的上海就是一个集中反映上述社会现象的缩影。随着科学技术的增长和中国人眼界的开阔，中国的企业家渐渐发现了包装设计的好处，着手于学习西方的包装技术知识，在现代技术手段不足的情况下大量采用本国的手工包装，创造出具有中国传统特色和工匠色彩的手工包装产品。随着西方先进技术的引入，包装设计意识在中国的发展也愈发成熟，促进了工业化的发展与生产方式的变革，包装形式也比之前手工包装更加多样化。早期工业化社会的进步意味着新技术、新材料的采用，包装的形态也在不断增加，使得视觉效果极大地丰富了起来。

民国时期，米面、生活用品等大部分关于民生的商品都是依靠木箱运输的，在零售店面再以散装的形式售卖。在这种环境下，散装包装的意义十分重大，使得各个商品都有了个性化的倾向，包装行业百花齐放。

民国时期，包装设计行业融入中国的社会环境中，除了西方的包装设计风格和中国本土的设计风格，一种中西融合的风格也悄然出现。例如，阴丹士林布公司取用了阴丹士林英文的首字母作为商标主题，左边是烈日标记，右边则是暴雨标记，以此来表明自己的商品既不畏日晒又不畏雨淋，而且始终不会变色（见图 1-6）；还以民国时期妇女的穿搭为宣传插画的主题，迎合了消费者的喜好（见图 1-7）。在此宣传方式下，阴丹士林布公司获得了中、西方消费者的一致认可。再举一个老上海品牌的实例，它便是多次得奖的、由王一亭大师所设计的上海"佛手"牌味精（见图 1-8）。吴蕴初先生是当时中国有名的化学实业家，他所创造的"佛手"牌味精打破了日本铃木商社"味之素"的垄断地位。最初，"佛手"牌味精因为包装简陋而在世界市场上打不开销路，于是重金邀请王一亭大师创作商标。这个商标底色为黄、蓝两色，正面是经过精美描绘的佛手图案，侧面则有著名佛教大师太虚手写的词句："完全国货，质料素静，营养丰盛，鲜美绝伦"，背面还刻有"品""味""善""和"四个字来体现企业的文化。瓶子上绘制了藤条和梅花的图案，中西融合的包装设计受到了世界各地的广泛欢迎。在美国费城展览会上，"佛手"牌味精以卓越的品质和优良的包装得到了评审们的一致认可。博览会评审团也因其卓越的服务质量而授予其调味品厂商甲等大奖的认证。喜讯传来，国内外商界一道欢腾，上海市总商会还特意赠送了贺匾。从这两个案例中我们可以看出民国时期良好的包装设计意识，在中西方风格融合倾向方面有很多优秀的案例与带头人。

图1-6　阴丹士林布商标

图1-7　阴丹士林布宣传插画

图1-8　"佛手"牌味精的宣传铁盒

包装设计理念的形成使得中国的企业家意识到包装设计的价值和意义是不可估量的。为了使包装设计的价值和意义得到充分体现，很多企业家都进行了独创风格的发展。比如一些玩具厂家，就对自己产品的安全性和耐玩度进行宣传，聘请高级包装设计师进行宣传包装的设计，真正地将企业的宣传理念和产品的风格进行融合，形成独树一帜的包装设计风格。民国时期，洛可可风格、传统文化风格、兼容风格在上海无处不在，包装设计无意间推动了中国的文化传播，有力地促进了我国经济的高速发展。由于包装设计理念是从西方传入的，所以包装设计的风格以西方的设计元素为主。在材质方面向西方学习的案例也有很多，比如香烟在民国之前一直使用手工纸包装，虽然成本低廉，但是不耐潮湿。后来的香烟品牌开始利用铁盒来进行防潮处理，不仅可以重复利用，还会在铁盒上印上公司的宣传素材，从而获得销量提升。再比如从西方传入的油蜡纸从根本上解决了之前面包包装会浸出油渍的难题，大大提高了产品的保质期和购买量，进一步提高了企业的品牌效应。

从这几个案例中我们可以看出，民国时期的包装设计理念既开放也务实。很多设计师在对西方包装设计进行学习和借鉴的同时也对丰富多彩的民族文化进行传承和发展。因此包装设计虽然是一门外来视觉艺术，却十分鲜明地表现出了中华民族本土风格。民国时期的许多品牌都认识到了产品包装设计的重要性，根据甲方的需要灵活地应用民族传统风格的设计手法，并没有盲目地追随西方的脚步，使得中华民族的传统设计风格得以延续下来。

1949年10月1日，中华人民共和国成立。20世纪50年代中期，伴随着国家建设工作的开始，我国的民生企业也渐渐有了起色，为了改善国民的生活，国家提出了很多促进轻工业发展的政策，在建设任务十分繁重、财政方面十分拮据的情况下，为大力发展轻工业拨出了几项巨款。说到包装行业，不能不提包烟能手——陈淑云。她是天津市恒大烟厂的优秀员工，在全市劳动竞赛中名列前茅，因此获得了特等劳模的称号，在那个时代堪称风云人物。为了振奋人心，媒体大力宣扬陈淑云同志的事迹。20世纪60年代，国家为提升中国出口商品的国际形象与包装水准，专门建立了出口包装研究院，承担出口包装的研发工作，为中国现代包装企业的发展与壮大奠定了扎实的技术和物质基础。第一个五年计划完成之后，我国的包装产业相较于国外的企业还具有相当大的距离，计划经济时期，我国国内市场的政策是统购包销，所以对产品包装的要求还是以运输安全为第一位，对于包装的装饰要求并不是很高，包装的功能需求大于审美需要。

20世纪70年代初期，我国开始着手进行包装政策优化升级工作。相关部门也拨出了一定资金，对国外优秀且先进的包装制品技术进行购买，在沿海地带建立相关包装设计的设计研究部门。

改革开放之前，中国的包装设计部门是依附于各个行业的，并没有一个完整的产业结构，从而出现了设施基础薄弱、制作技术落后、管理人员分散等问题，对我国的商业环境发展十分不利。20世纪80年代初期，在中国包装企业中涌现出了一些思维超前、勇于创新的有志之士，根据当时包装产业的实际状况，我国政府提高了对包装行业管理的重视，并以此加强包装产业的专业管理。

20世纪80年代是包装产业迅速发展的时代。1980年，中国包装技术协会在重庆成立；1981年，中国包装总公司成立；1982年，北京举行了首届全国包装博览会，参观者达30多万人；1983年，我国举行了第一届全国包装装潢设计评比会议；1985年，北京举行了国际包装学术讨论会暨包装样品展览会；1986年，亚洲包装大会在北京举行，国务院制定了《1986—2000年全国包装工业发展纲要》；1987年，我国特级安酒包装荣获世界包装设计界的最高奖项——"世界之星"；1988年，中国包装技术协会首次接收外国专家作为中国包装技术协会的荣誉会员；1989年，中国包装产业的年产值创历史最高水平，包装产业成为我国国民经济的重要组成部分。

据不完全统计，"八五"期间，出口分装的专项计划投入专项贷款达5亿多元，改造了约50个项目，开发了近百种新型包装材料和制品，有力地促进了这一期间我国出口贸易的高速发展。国内包装公司把握住机会，通过引入资本、技术和管理人员等方法使公司产品的规格和商品的档次都有了全面的提高。通过十多年的发展，中国包装行业已经有了巨大的改变，构建了相对完善的现代工业体系，并建立了自身的行业管理体系。据统计，1988年我国包装制造业的生产总值约为1 800亿元，比1980年的产值总额增长了24倍。当时中国县级以上包装公司的数量为两万多家，职工达二百多万人，拥有固定资产近千亿元。据1995年全国工业普查和历年包装工业统计年报统计，虽然包装仍是以中小型企业为主的行业，大中型企业只占全行业的 2.5% 左右，但包装企业的平均规模扩大了很多，企业正在向合理的经济规模发展。1980 年县以上包装企业平均固定资产为 112 万元，1997 年这一数据为 500 万元。1997 年，国有和集体所有制工业企业占全部包装产业的主要份额，按产业总量计为 67.13%，按固定资产原值和流动资产计为 67.12%。

20 世纪 90 年代是我国社会主义市场经济体系建立并快速发展的年代。1995 年，面对盗版产品，我国第一次举办了全国防伪技术交流会；1999 年，我国有十项包装设计案例荣获"世界之星"大奖；2001 年，我国成功研制了可用于高功能包装的有机纳米功能材料。

21 世纪以来，我国政府十分重视食品、药品包装的安全工作。2003 年，首届中国食品安全年会在北京召开。2004 年，由公安部、卫生部、食品药品监督管理局等八部委共同举办了中国食品安全制度的建立会议；于同年 5 月举办"首届世界打假会议"，提出主动参与严厉打击假货侵犯的国际化合作；同年的 12 月，商务部、科技部、财政部等共同制定了《三绿工程五年发展纲要》，旨在以保证食品包装的安全性为目的，全面推行包装材料、标签、标识、检测、质量认定等标准体系。2007 年，我国发布并实施了《国家食品药品安全"十一五"规划》；国务院颁布《关于限制生产销售使用塑料购物袋的通知》："自 6 月 1 日起，在全国范围内禁止生产、销售、使用厚度小于 0.025 毫米的塑料购物袋。"经过了几十年的发展和努力，中国包装行业在不断进步，取得了辉煌的成就，但仍需要不断努力，使中国由包装大国向包装强国迈进。

第二节　其他国家的包装设计

不同国家的包装设计风格与其民俗特点相对应，换句话说，一个国家的信仰、核心价值观会影响这个国家的人民对于世界的看法和角度，使这个国家的设计师在进行艺术创作时所考虑的创作方法、创作角度有所不同。设计师在进行产品包装设计时，所考虑的因素包含当地文化特色，通过其特有的设计表现形式展示出来。例如英国以绅士风格著称，其纬度高、阳光照射时间少，因而以偏冷的灰色调作为服装的主色调，这一色调风格扩展到产品包装设计，就形成了英国独有的产品包装设计风格。接下来我们把目光放到地中海地区的希腊。希腊是古典艺术的发源地，希腊设计师设计出来的产品包装具有浓郁的神话色彩，包装的手法也会采用古典的黑绘法，充分体现出本国的古典特色。日本是一个岛国，对自然有着自己独到的理解，会用更亲近自然的材质来包装食材。

接下来我们简单地讲一讲欧美地区包装设计的历史。

包装的第一大作用是保护产品，使得产品在运输的过程中不受到破坏；其次是便于携带，使使用者可以更加顺心地使用产品。最早的包装诞生在部落时代，那时的人们就地取材，所使用的原材料大部分是木材、草本植物等。这些材料都可以重复利用，导致当时包装设计的样式更新频率很低。直到工业时代之后，产品的包装样式才得到了空前的发展。

随着火和泥土的运用愈发成熟，陶器应运而生，但是受泥土材质和火力的影响，他们制作的陶器始终形成不了瓷器。直到中国的瓷器传入西方，欧洲的陶瓷产业才得到进一步发展。现今，欧洲陶瓷业的技术水平已经进入一个新阶段，各种特种陶瓷如电子陶瓷、金属陶瓷、泡沫陶瓷等不断发展，陶瓷作为一种包装容器被广泛用于食品和酒类的生产中。

世界上最早的玻璃由古埃及人制造，它们附着在不同的器皿上，也有的单独使用在首饰上，一般成珠状。但是由于工艺的不成熟，当时的玻璃并不透明。大约在 2 700 多年前，玻璃制品从埃及传入地中海地区，经过腓尼基人仿制，玻璃作为一种新的产品得到了进一步发展。大约 2 100 年前希腊人发明了吹瓶这种技术，玻璃制品可以从中间鼓起来，希腊的亚历山大地区也成为玻璃制造业的中心。约 2 000 年以前的罗马人开发了透明玻璃的工艺技术，利用吹管把玻璃制造成不同的形态。到了中世纪，玻璃产业在威尼斯开花结果，使得此地因为生产精美的玻璃制品而闻名世界。到了 17 世纪，欧洲出现了波希米亚水晶，一种源自捷克的薄壁玻璃制品，其色彩、质地优良，因而声名远扬。19 世纪 30 年代的法国发明了吹制玻璃的机器，19 世纪 40 年代在英国诞生了汽水玻璃瓶的量产机器。

希腊也是冶铁业的发源地之一。大约在 3 500 年前，希腊的某一城邦发明了独特的冶铁技术，使得其生产力和军队的战斗力得到进一步提高。大概在 3 200 年前，冶铁的技术传播到了地中海沿岸地区和埃及地区，但是他们只懂得冶铁之后的锻打。捷克制成了第一块镀锡薄钢板后，欧洲开始了自己的马口铁生意，19 世纪之后美国也开始了自己的马口铁生意。这个阶段的圆形钢板桶逐渐代替了木质铁桶，19 世纪开始，美国的石油运输行业使用的就是圆形钢板桶，并开发出了合金桶。合金桶偏轻且保存时间长，使得其在世界范围内被广泛应用起来。19 世纪上半叶，铝制品包装被广泛应用，比如口香糖的包装接触面、保存食材用的易拉罐铝制品、画家的颜料包装软管等。锡制金属广泛应用在鱼子酱等海鲜制品包装、颜料软管上。

19 世纪中期的工业革命带来了人类技术与经济发展的大爆发。随着生产力的发展，机器制造业与手工制造业之间产生了不可调和的矛盾，在历史的潮流中，手工业因为效率问题越来越不占上风。这时候诞生了威廉·莫里斯领导的工艺美术运动，他们追求的是实用与审美的结合，反对粗制滥造的工业化，促进了包装业的发展。19 世纪末 20 世纪初，包装设计企业兴起，印刷技术突飞猛进。这个时期具有代表性的运动是发生在法国和美国等地的装饰艺术运动，代表人物是让·杜南，他的代表作是法兰西号邮轮上的内部装饰。作品总体以漆器为主，并用简洁的几何纹样和绚丽的色彩进行装饰，这也是装饰艺术运动的特点之一。装饰艺术运动影响了设计行业的其他领域，比如建筑业、首饰业等。

工业革命时期，随着蒸汽机的应用和推广，英国的合金、冶金、化工等制造业随之发展起来，同时也推动了包装产业的发展，人造包装逐渐代替了天然包装。世界纸质包装业快速发展，点状网络造纸机、多色印板相继产生。到了 19 世纪，玻璃制品被批量生产，用玻璃进行封装食品的历史开始了，玻璃封装的食品也就是我们常说的罐头。罐头的产生促进了食品运输业的发展，这时候，热带水果可以大范围地被带到高纬度地区，肉类也得到了更好的保存。战争是包装运输业发展的催化剂，罐头在战争时期因为干净卫生的特点而被大量应用。

欧洲诞生了很多新的艺术流派，比如比利时的先锋派运动、德国的青年风格、奥地利的分离派，这就是著名的"新艺术运动"。各种各样的艺术风格影响了建筑、绘画、工业、平面设计等行业，同时也推动了包装行业的发展。

20世纪上半叶，现代主义设计运动兴起。现代主义设计运动主要强调的是彼得·贝伦斯的"功能决定形式"的主张，认为功能第一、形式第二，设计要解决的第一个问题是功能问题。现代主义设计运动的声音主要有：清除无用元素，实用简洁的设计样式；功能和形式的高度统一是设计运动追求的主要目的；将素材简化到最基本的信息，主要有标志、名称和产品形象；反对运用任何装饰纹样，可以存在几何纹样。现代主义设计运动中运用几何图案的设计传播十分广泛，比如在19世纪初诞生在英国伦敦的万宝路，其红白配色和几何设计纹样深受世界人民的欢迎。它的设计理念不仅仅体现在对颜色的配比运用上，还体现在对平面设计的理解上。

随着社会经济、文化、科技的发展，各类包装设计应运而生，批判现代主义的后现代主义也出现了。后现代主义批判的是现代主义的装饰结构单一、没有人情味，所以它所表现的是一种在考虑大众需求前提下的风格多样化。

关于纸质技术的发展，我们需要从两个方面进行拓展：一方面是纸的样式，18世纪末，法国的罗贝尔发明了第一台造纸机，1分钟可以造64厘米宽、1 500厘米长的纸。19世纪，英国的福德里尼尔兄弟对此加以改进，进一步发展出了长网造纸机，使得单面衬纸的瓦楞纸箱板得以生产。19世纪中叶，瓦楞纸和牛皮纸的发明又将工业包装纸推向了新的高度。另一方面是纸的原料，浆料从麻浆到竹浆再到木浆，制浆方法也从手工制作慢慢过渡到机械制作，其间经历了一个从粗糙到细腻的过程。

随着纸质技术的发展，世界各地的包装产业相继发展了起来，19世纪末的日本将纸箱作为白炽灯泡的独立包装，美国的饼干防潮包装也应用了折叠纸箱的技术。20世纪初，美国公司制成了双面衬纸的瓦楞纸箱和玻璃纸并用于农产品的运输。值得一提的是，之前一直用木桶作为包装的奶酪将包装换成纸箱之后，其生产效率提高了一倍。

谈到纸质包装，就不得不说它的原料之一——木头。木质包装的历史悠久，大约2 000年前的欧洲开始采用木桶作为运输包装工具，17世纪的美国开始拥有木箱加工厂，20世纪初的美国研发出用于运输大型精密器械的木箱制品，随后出现的密封包装技术也渐渐地完善起来。随着时间的推移，木质纤维板应运而生，这是在环保的世界大格局下重复利用木制品的做法。到了20世纪下半叶，随着人们环保意识的觉醒，人造板有所发展。到目前为止，用作包装的人造板主要有胶合板、玻璃纤维等材质。

19世纪中叶，来自美国的约翰·海厄特发明了赛璐珞这一材质，也称为塑料。19世纪末期塑料瓶在美国被研制出来并获得专利。20世纪20年代左右，塑料制品开始被广泛应用于各类商品的包装，使得企业的材料装潢以及技术水平发生了翻天覆地的变化。20世纪30年代，聚乙烯塑料的出现为食品包装开辟了广阔的前景，它的价格低廉，逐渐取代了大部分纸制食品包装。20世纪40年代，泡沫塑料的出现为运输行业的包装提供了优秀的缓冲材质选择。20世纪50年代，环氧树脂的发明给包装产业带来了新型的黏合剂材料。20世纪60—70年代，特种塑料制品被研发出来并广泛应用于制造行业，包括：低密度和高密度聚乙烯的塑料制品；耐高温或耐低温聚乙烯塑料制品；皮革化塑料制品。现代包装产业的主要支柱是塑料。塑料包装技术发展起来，例如拉伸技术、真空包装技术、快速热成型技术等，使产品的容器形式逐渐丰富起来。

随着塑料的应用，环境污染问题逐渐显现，可降解塑料技术由此被研发出来，但是其成本较为高昂。

回到设计的原点，为社会大众服务才是包装设计最本质的价值所在。在全球文明多元化发展的今天，设计师们必须建立起民族责任意识，充分发扬我国博大精深的民族传统文化，才能真正在激烈的国际文化竞争中站稳脚跟。这不仅仅是对我国包装设计艺术发展的要求，也是每一位设计师的责任与义务。步入21世纪，中国包装设计艺术开始多样化发展，各种新的设计风格纷纷涌现。为了防止进入误区，需要对我国包装设计的发展历程加以总结与审视，从本质上重新认识包装设计。今天的中国市场日益繁荣，如何使传统工艺和商品经济相结合是一个摆在中国企业家面前的难题。随着中国国际地位的提高，如何将国外的优秀文化融入我们的生活中成为一个新的问题。所以，在当代产品设计中，设计师必须要思考为何要对产品进行包装设计、其价值与含义究竟何在等基本问题，有了更为深入的思索与更为具体的理解，才能使作品遵循包装设计的一般规律并形成个性化，从而被人们所接受。

第三节　中国老字号的包装现状

包装设计是一个既古老又现代的课题。伴随着时代的变迁，包装技术在科技的变革中不断取得新突破，包装设计的作用在时代的发展中也被赋予了更多的内涵。在传统的商业文化中，包装设计的作用是：使商品的使用价值得到展现；使货物在风吹日晒的侵袭下得到保护，防止造成不必要的运输损失；使得商品在储备、运输、销售环节中都能顺畅衔接；精细化商品，增加商品的附加值，吸引顾客；等等。

中华老字号企业涉及的行业很多，与我们的生活息息相关，经历了长久岁月的磨砺后，它们拥有独特的产品风格、优质的服务体验和良好的社会口碑，老字号身上往往带有深刻的本地文化烙印。中华老字号企业不仅拥有自身的品牌文化价值，也传承着中华民族的文化信仰。

2012 年我国商务部发布了《"中华老字号"认定规范（试行）》，其中关于老字号企业认定的条件有：拥有商标所有权或使用权；品牌创立于 1956 年（含）之前；传承独特的产品、技艺或服务；有弘扬中华民族优秀传统的企业文化；具有中华民族特色和鲜明的地域文化特征，具有历史价值和文化价值；具备良好信誉，获得广泛的社会认同和赞誉；国内资本及港澳台地区资本相对控股，经营状况良好，且具有较强的可持续发展能力。

中华老字号企业是在数百年来的商业竞争中生存下来的，它们历经磨难，拥有深厚的文化底蕴和极强的历史文化价值。在传递品牌历史文化价值的同时，中华老字号企业应该得到更多消费者的认可。但是，在市场竞争日益激烈的环境下，该如何对老品牌产品概念进行再创新设计，是摆在老字号企业面前的主要问题。

第二章

老字号企业包装设计研究现状

第一节 老字号企业概述及包装现状

中华老字号是指历史悠久、拥有世代传承的产品、技艺或服务，具有鲜明的中华民族文化底蕴，取得社会认同，形成良好信誉的品牌。老字号企业在质量方面有着十分良好的社会口碑。老字号企业中，有建立于清代康熙年间、生产大量中药的北京同仁堂；有建立于清代咸丰年间、为皇亲国戚制造朝靴的内联升；有近代初为达官显贵们制作服装而辉煌起来的瑞蚨祥绸布馆；有在明朝中期因制造酱菜而闻名四方的六必居。可以说，老字号企业在中华商业发展史册中占有重要的地位。

介绍和研究老字号的相关书籍主要有：2010 年左旭初编著的《我国老字号与早期世博会》，该书对 1835 年到 1935 年间在世界博览会上获奖的老字号品牌予以详尽的介绍；2013 年左旭初编著的《百年上海民族工业品牌》一书，全方位地展示了我国近代一百年来国内家喻户晓并驰名全球的民族文化产品的总体风貌；2016年，左旭初编写的《民国食品包装艺术设计探究》一书，对有着鲜明中华民族传统文化背景的民国食品包装设计行业进行了深入研究。

在现代设计不断发展的过程中，由于品牌意识不够强，越来越多的老字号企业陷入发展的瓶颈期。越来越多的专家和学者已经开始思考如何使老字号企业进行创造性的转化，他们从不同的角度展开论述。总体上说，国内外对现代包装的研究甚多，内容主要集中在包装的种类、制作工艺的合理性、绿色包装、包装技巧等方面，很少将包装作为一种文化形态来探讨，专门研究老字号企业包装的书较少。

产品包装设计是企业和消费者之间重要的沟通桥梁。老字号企业为了吸引更多的消费者，应利用现代技术制作新的包装，使原有产品形象焕然一新，制造新的卖点。

品牌价值的形成有赖于企业产品内在质量的提高，而产品的内在质量则需要以企业文化作为积淀，所以一家缺乏文化底蕴的企业是缺乏支撑力和凝聚力的。品牌文化必须具有引人入胜的故事、品牌理念号召力、文化内容的凝聚力三方面元素。品牌文化如果要具有特色，必须要经历较长时间的沉淀。设计师如果要把企业理念、寓意、文化思想和市场营销等元素融入企业产品设计创作，就必须以企业自身丰富的历史文化底蕴作为基础，利用视觉元素对包装的整体外形进行设计与装饰，以便为消费者带来感官上的愉悦。所以，突出企业独特的文化价值是老字号包装设计成功的重要前提。同时，包装的基本功能如保护产品以及方便产品的运输和存放等也要重视。所以，在进行包装设计时不仅要在视觉设计上努力，也要考虑其功能性。

现在很多的老字号企业仍坚守着独门独店的经营方式，它们的产品在与同类商品竞争时常处于劣势。杜邦定律说，63%的消费者通过对产品的包装来判断是否购买，这就是商品包装的影响力。产品包装设计中首先要处理的就是商品形态和功能的融合问题，传统设计师利用形象思维来表达商品的功用倾向，在民俗的概念设计中提取传统企业文化的形象含义，并延伸到商品包装设计中。而实践情况表明：在没有参考信息、产品品质及价位都大致相同的情形下，设计新颖的商品包装总能抓住消费者的注意力，从而进入消费者的选购范围。设计师首先要了解老字号企业的市场环境，进而深入地认识老字号企业的产品与其他竞争性产品之间的差异，通过差别化战略进行品牌和产品的传播。

山东省的老字号品牌——东阿阿胶正是通过广泛的调研确定了目标消费群体的。根据不同的消费对象，其产品有不同的销售包装：有精简的、适合女士使用的包装，有与其他药品联合开发的针对男士的包装，还有针对礼品市场的礼品包装。对任何一家老字号企业品牌来说，在进行品牌的包装设计时首先要清楚企业产品的市场定位，把产品的重点信息摆在产品包装的重要部位。东阿阿胶产品包装的重点是产品的主要成分、原产地、品牌、功效。东阿阿胶的包装承载着传统文化，同时也通过时尚简约的风格来强化自身品牌的属性，进而产生新的视觉效果，使得产品保持了对消费者长久的新鲜感（见图 2-1）。

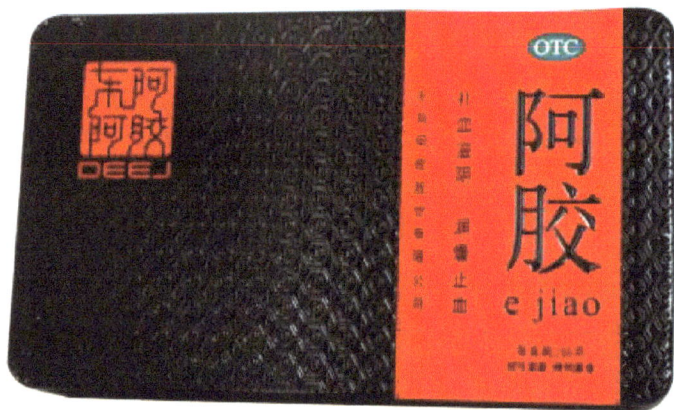

图 2-1　山东省老字号品牌东阿阿胶

全球各个国家对环保问题的关注度日益增加，低碳经济理念渗透到各个行业，包括包装行业。例如，纸浆压模成型的器皿取材于柳条，经过防水、防潮处理后，器皿轻便适用，既节约资源又降低了成本。再比如，无须印制色泽的低油墨工艺在视觉上传达出一种质朴、怀旧的感觉，有效地唤起了消费者情感上的共鸣。在整个产品设计过程中，设计者要以人的需要作为出发点与落脚点，将满足人的需要作为终极目的。一方面，要在视觉上引导消费人群形成预期的购买行为，激发消费者的兴奋点和购买欲望，另一方面要使消费人群形成保护自然生态环境、自觉利用可再生资源的低碳生活意识，最终将环保文化理念落实到产品包装设计上。

第二节　山东老字号企业概述及包装现状

山东老字号品牌是山东企业家工匠精神和鲁商精神的深刻反映。截至2022年3月，山东一共有352家省级以上老字号企业，其中包含商务部认定的中华老字号企业66家，主要涉及领域有食品类和工艺品类。

山东老字号品牌中的一些企业已迈入国际市场，成为国际商务的拓展先驱。

包装不仅具有保存商品和便于商品运送的功用，还肩负着表现品牌文化和商品自身特性的重大任务。包装设计的内容本身不但能够体现品牌产品的艺术风格、时代特征和文化精神，还会直接影响市场上消费者的选择。对于包装设计，必须对包装的形状、材质、颜色等几个基本设计元素进行创意设计。随着经济社会的发展，人们也开始越来越重视商品包装设计和与人类情感需要的符合度问题。近几年的国内研究者也致力于进行包装材料的多感官设计研究，这些研究重点探讨并总结了多感官设计对于食品包装设计的重要性。现在有相当一部分老字号企业不能跟上时代的发展变化，对市场动态的变化和消费者消费观念的升级缺乏深入研究的能力，包装的创新跟不上时代发展的步伐，从而直接影响到老字号企业的产品在市场中的地位。老字号的包装跟不上时代的主要表现在以下几个方面：

第一，包装设计的更新频率低。有一些老字号包装设计创新频率跟不上市场发展趋势，色彩主要选择红、黄、金等几种保守的颜色，设计单调乏味，编排、字体设计等缺乏创新。过度包装、包装所使用的材料达不到要求以及印制工艺滞后等问题，也直接造成了老字号品牌的目标消费群老化，限制老字号多方面的推广。这部分老字号产品在众多的同类产品中处于弱势，无法迎合新一代消费者的需求。

第二，包装设计风格雷同。老字号企业蕴涵丰厚的人文精神内涵，这既是老字号企业的共性特点，也是这些老字号企业在重塑差异化品牌形象时的重要障碍。老字号产品包装设计的雷同现象十分突出，如结构雷同、装潢元素的编排雷同、包装材料的雷同等。包装形式最能体现品牌的个性特征和精神内容，而不同的包装形式又会让人产生不同的心理感受，因此设计师通常都会按照不同的品牌文化和市场定位去优化包装的造型。老字号深厚的文化底蕴应该是设计的重点，可是目前在老字号的产品设计中常常不能很好地体现这一点。

第三，包装设计知识产权保护意识淡薄。近年来，有关老字号产品包装设计被侵权的案例不断涌现。我国许多老字号企业没有对产品的包装设计申请专利，一旦被侵权，不仅会给企业造成巨大的经济损失，也会让消费者对企业的信誉产生怀疑，影响老字号企业的产品销售。

中华老字号品牌历史源远流长，文化底蕴深厚，盛载了中国几代人的情感和记忆。现代市场竞争的冲击、外国品牌的大量涌入以及国内新品牌的快速发展，使老字号品牌越来越被年轻一辈所忽视。设计师要针对老字号品牌的问题进行相应的改进，展现老字号企业的特色。

第三节　老字号企业包装研究方法

在研究老字号包装时采用的研究方法一般包括文献梳理法、网上调查法、实地调查法、走访法、回归演绎法。运用文献梳理法、网上调查法与实地调查法相结合的研究方法，作者广泛收集了各个地区的传统文化包装案例、山东老字号包装历史和儒家文化元素等的有关资料，并加以梳理与剖析；同时运用回归演绎法剖析与总结清末至今的山东省老字号包装与儒家文化的特点；利用走访法获取人们对经典包装案例相关的评论，为系统研究提供资料。

第三章

企业包装设计的理论体系

老字号产品包装设计是由自身特色和市场需求所决定的，需要在充分调研市场环境和发展趋势的基础之上，不断地摸索产品和市场的关系，进而找准包装设计形式和市场的融汇点，去粗取精地借鉴其他相关的产品要素，使老字号产品包装设计在与市场同步的前提下保持自身的文化特色。

第一节　老字号企业产品包装设计的地方特色和文化倾向

在进行包装设计的时候要找准产品的切入点，并且把准确的定位转化为视觉形象，可以从以下三方面进行。

第一，将商品文化的核心内容作为突破点。要设计的不仅仅是纸上华丽的图形，更要设计出实用的产品，使企业的商品特色有所体现。

第二，产品的包装形态要符合相应的文化特色。可以从中国传统文化中提取相关特点进行表现，也可以发挥产品的本质特性，以此来赋予包装相应的形态。可以直接表现，如纹样、书法、色彩、形象的模仿等；也可以含蓄地表现，如具象、标记和暗喻等。换句话说，在强化产品特色的基础上将产品质感和文化特性融入包装，借此来体现出不同类型、不同特点的产品。比如草原制品要有天然感、无忧感，宫廷气派产品要有高贵感、典雅感，乡间产品要有很强的地域传统特点等。

第三，不要随意拼贴元素。设计时要和产品的精神内核融合，而不是简单地寻找各种元素进行组合。因此老字号企业的产品包装设计是在其产品的特色、文化底蕴特色的基础上加以创新而形成的，随意拼贴元素产生的包装不仅价值不高、识别性不强，经济效益也不会很好。所以，好的包装设计应在和产品的精神内核融合的基础上不断地改进，开拓更广阔的空间。

第二节　中国优秀传统文化对老字号企业包装设计的影响

随着社会的进步和人们的生活水平、消费水平、审美观念的不断提高，设计也要不断地注重与时代的共同进步。很多传统的企业忽视了这一要点，认为自己的产品质量好、生产工艺有自己的特点而故步自封、自我陶醉，不重视产品研发以及包装的改进，带来的结果只能是不断地被新的产品所取代。中国正处于不断变化以及飞速发展的阶段，文化、政治、经济的关系日益密切，文化的力量也越来越强大，在企业的市场竞争中，产品的文化渗透功能和包装的宣传功能都受到了人们的重视。中国优秀的传统文化是老字号企业的基础，老字号企业是中国传统文化的一种延伸，原料的传统性、工艺的传承性都是中国传统文化的宝贵财富，这种深厚的传统文化底蕴对老字号企业的产品包装设计起到了很好的引导作用。

第三节　中国包装设计项目中的主要矛盾

在设计中需要抓住主要矛盾，而不是一开始就被包装实用性、甲方的满意度、市场的认可度等次要矛盾所扰乱。主要矛盾就是文化的表现形式，在设计过程中，文化的问题是一个需要不断反复考虑的问题。市场上的消费者在对企业产品的认知过程中，一般是感性地认知包装的形态、色彩、结构。包装设计和社会民俗之间具有相互依存的联系，因此我们要对产品的包装形象进行个性化设计，还要对产品和市场的相融性加以考虑。我们会对约定俗成的形态、形象产生共鸣，这是人类视觉进化的基础规律，所以传统的、古典的文化具有民族向心力。有了好的包装设计，老字号产品才可以更顺利地转化为各种不同的商品，打开更为广阔的市场。

第四节　老字号企业产品包装形象设计的从属性研究

老字号的整个设计项目要从产品功能设计、材料工艺设计、人机工程设计、包装形象设计等方面进行研究。所以，包装形象设计在一个完整的设计项目中所体现的性质是从属性，这也界定了包装形象设计的功能目的和表现范围。

我们在谈论企业产品的包装设计时，总绕不开它的基本功能——保护功能。保护功能要求包装的材料和结构具有稳定性，以保证包装中产品质量的稳定性。与此同时，从便利性的角度出发，许多人性化的设计也为包装带来了新的特点，比如提手设计、拉锁设计、易拉罐设计、纸盒设计等。包装的另一个功能就是运输的功能性，产品的包装设计一定要考虑相应的运输方式，如汽车运输、集装箱运输等，在结构以及材料方面进行考虑。在满足这些功能的基础之上，就要考虑包装造型以及装饰的问题。

在设计过程中，外观元素要与文化相联系，同时外观还取决于材料和生产工艺的水平，设计与技术要求相互关联。经济因素在设计中也是至关重要的，因为这是企业的目的。以最经济的投入获得最佳的视觉传达效果是设计师的设计原则之一。过多、过满的包装会给消费者带来视觉疲惫，也必然会造成社会资源的浪费。

现在的设计还应从可持续性、低碳化、人性化角度出发。绿色环保的概念得到了世界各国的充分肯定，发展环境友好型的产品包装设计是新时代产品包装设计师的重要责任。产品包装设计在满足包装功能的基础上要满足环保理念的要求，即保护环境、减少社会和自然资源浪费，实现无污染循环回收再利用。随着社会文明程度的快速提高，绿色设计必然会在新时代熠熠生辉，成为新的商品包装设计的潮流。

第五节　包装叙事性设计

有人曾认为："故事学是从文学中的一个有关叙事文本的理论研究开始的，故事学的三要素是叙述者、受述者和故事本体。"叙述者指的是描述行为的实践主体，而受述者则是描述行为的接收者，故事本体也就是事件本身。事物在信息传播过程中需要媒介，而这种媒介便是故事承托物。故事承托物是十分复杂的。叙述者借助故事承托物将事情的发展经过传达给受述者，后者接收相应信息。

把故事学的概念应用到老字号企业产品的包装设计中，相对应的关系见图 3–1。

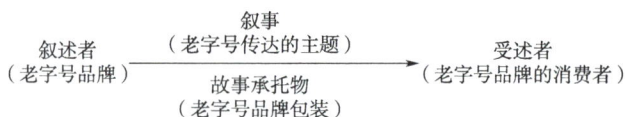

叙述者　　　　　　叙事　　　　　　　　受述者
（老字号品牌）　（老字号传达的主题）　（老字号品牌的消费者）
　　　　　　　　故事承托物
　　　　　　　（老字号品牌包装）

图 3–1　老字号包装设计的叙事性概述

老字号企业产品包装的叙事方法论设计中所拥有的共同点主要体现在以下几个方面。

一、叙事主题

叙事方法论设计的中心内容是企业希望通过产品包装设计传递给消费者的中心思想，可以分为"外在表现"和"中心内容"两个部分。"外在表现"指的是通过款式、色调、形态等来传递信息。"中心内容"指的是用更加内在的内容来传达公司的宗旨，包括生态性、科学性、环保性等。"中心内容"通过"外在表现"将主旨传递给消费者。例如，老舍茶馆品牌旗下的"韵香"礼盒系统的产品包装在"外在表现"上运用了京韵大鼓、顶坛杂技、京剧双簧、京城相声等情景，而"中心内容"就是旧时京城的市井繁华，通过选用旧时京城人民生活的情景来增加老舍茶馆品牌的亲民性，同时也传承了北京的传统文化，凸显老舍茶馆品牌产品的品牌底蕴，更加符合中国消费者的审美（见图3-2）。

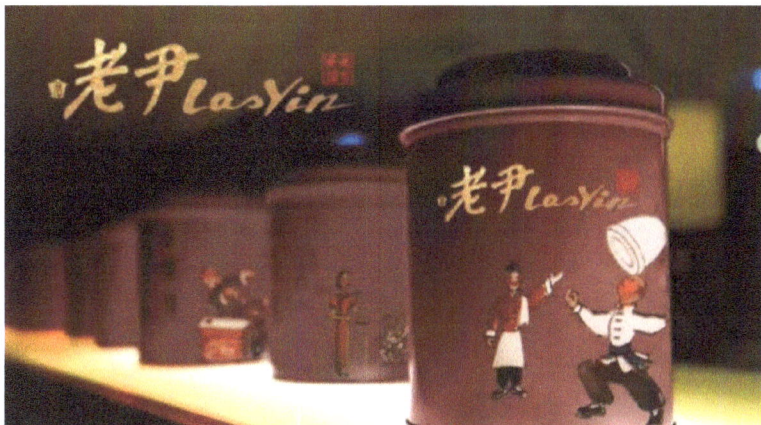

图3-2 老舍茶馆品牌旗下"韵香"礼盒系列包装

二、叙事易读性

要使消费者能更快、更好地接受设计传达的信息，要注意从以下两个方面来进行设计：一方面，进行产品包装设计时要采用更真切、更明晰的视觉表达技巧，例如优秀的编排形式、优秀的视觉元素、优秀的造型结构；另一方面，包装要包含典故内容、文化背景和情感投入，使消费者产生共鸣和亲切感，进而使其能够轻松进入产品包装的叙事情节之中。根据视觉传达设计的理论，对于一个色彩复杂、构成复杂的平面图，我们需要花费更多的精力才能加以辨别；而对于一个色彩、平面构成较为简单的图形元素和简单的叙事结构，人们就能够很快地识别并记住它。比如产品包装设计，苏州老字号采芝斋品牌的甜品礼盒（见图3-3）选取了游戏"捉迷藏"作为创新点，将外部浅色包装与内部深色包装紧密结合在一起，配以紫色作为主色调，使这个文创产品更加切题，从而引起消费者的情感共鸣，从而达到了将消费者引入产品包装设计的叙事情境之中的目的。

图 3-3　采芝斋的甜食礼盒包装

三、文化内涵

对文化内涵的设计传达，可以从中华老字号企业的文化发展过程入手。比如五芳斋品牌"绿豆冰糕"的包装设计（见图 3-4），这个产品的包装展示了产品主要的制作步骤。老字号企业的文化总是与相应的地域特征紧密连在一起的，地域可以作为老字号企业的助推器，使老字号企业成为代表地方文化的"名片"。老字号企业在进行包装设计时要符合其所在地域的特征，这样才能更好地代表地域形象。比如上海老字号企业所蕴含的"海派文化"、江苏老字号企业所蕴含的"吴韵文化"、安徽老字号企业所蕴含的"徽商文化"等，都拥有浓厚的地域文化特色。

图 3-4　五芳斋"绿豆冰糕"包装

四、叙事表现

图像是叙事信息在传达过程中的主要承载物之一，从叙事方法和选题角度来说，用图像来表达事件的内容是最直观、通透的叙述方式。图像叙事法是一种以叙事性设计为主要特征的产品包装方式。

在图像叙事法中，最常用的方式就是插画，大部分通过以二维方式表现的画面来呈现事情的发生、发展、结束的动态过程，与此同时还具有预示结果的功能。将图像叙事法运用到企业产品的包装设计上时，可以传递出更加全面的信息。

除图像外，文字也是重要的信息承载体。设计师进行排版设计后，使得文字的字形、色彩、结构等元素发生相应的变化，进而使得产品包装传达出的信息更加符合消费者的需求。文字作为叙事承载物的优点是传递信息的方法十分干迅捷，传递信息的准确度高，易于与消费者达成共识。但是缺点也比较明显，那就是传递信息的方式非常单调。在企业产品包装的叙述性设计之中，图像加文字的叙述方式是运用得最普遍的。图像加文字的叙述方式主要有两种：一种是图像位于中心，文字起辅助作用；另一种是文字起主导作用，图像起辅助作用。图像加文字的叙述方法使得包装效果更加丰富多彩，层次感更强，传达信息更加清晰准确。

第四章

老字号企业包装设计的价值意义

现代社会，产品的包装设计与商品本身是分不开的，产品包装设计已经成为商品的一部分，几乎全部的商品都要经过包装后才能与市场上的消费者见面。中华民族传统文化中所蕴含的浓厚历史感和鲜明的价值观对产品包装设计的影响非常深远。

第一节 包装学科概述

包装学科的建立首先是由美国密歇根州立大学森林产品计划部的潘辛教授于1950年提出的。经历了第二次世界大战，美国学者保罗·赫伯特教授目睹了包装材质不足所造成的价值数百亿美元的弹药和用品耗费，1952年9月1日，潘辛教授和保罗·赫伯特教授将林木系下面的一个有关食品包装材质的研究作为一个学科建立起来，并重点研究了木纤维容器材料、集装箱包裹以及集装箱处理与装卸等的技术。1953年，密歇根州立大学主办了两次军工包装会议，并在芝加哥海军码头举办了国家包装博览会。1954年，包装协会创立。1957年，密歇根州立大学董事会把包装专业和森林产品计划部分开，建立了独立的包装学院，以潘辛教授为负责人，并一直保持着和包装行业的对接交流，同时得到了企业的资金帮助和技术咨询，从而推动了学院的蓬勃发展。密歇根州立大学包装学院是美国包装科学与信息技术教育领域的先锋与领跑者，20世纪90年代初就形成了完善的人才培养系统。

包装学科是一个基于数学和自然科学的工程专业。包装专业的学生需要具备分析社会、科技、环境商业问题以及综合处理上述问题的能力。

中国的高等包装教育始于20世纪60年代，无锡轻工业学院于1977年招收了包装工程机械学科的首届本科生。1984年，教育部将"包装工程"作为全国32个试办专业之一列入《高等学校工科本科通用专业目录》。接着有江南学院、湖南工业大学（原株洲工学院）、西安理工大学等十多所高校先后开办了"包装工程"的本科专业。对于包装学科专业定义有许多不同的观点，中国学术界一般认为包装学专业是以保存商品、便利商品流通、提高销售、提升商品附加值、节约社会资源和环境为目的的一门学科专业，这门学科涵盖科学技术的基本原理、新技术、艺术设计、社会经济、环保、经济法律和人文艺术等多个专业领域的知识，以自然科学为基础、以技术社会科学为主干、与社会科学发展密切相关。

第二节　包装从中国传统文化中汲取营养

一、中国传统文化代表——茶

茶作为中国最具有代表性的饮料风靡全世界，在17世纪的欧洲，茶成为欧洲贵族阶层的饮品。唐代陆羽所著的《茶经》是世界上现存最早的关于茶的专著，茶成为中国传统文化的一种符号。在中国，茶文化与古人的雅致生活有着密切的关系，从古至今的文人墨客在写作绘画时都习惯性地沏上一壶茶，茶可以给人一种静谧安心的感觉，让创作者更加投入地进行文化创作。

茶叶包装经常融合很多中国传统艺术的元素，不论采用中国山水写意的表现形式还是中国书法的表现形式，都是对传统艺术文化精神的表达，让包装设计更富有艺术感染力。如果充分地运用我国的传统艺术元素并加以再创造，融合现代艺术的表现形式，就可以使包装具备更强的民族特色与时代感，在彰显老字号企业品牌特色的同时也能够更有效地提高商品的市场销量。在包装设计中积极汲取我国传统艺术文化的营养，保留地域文化底蕴，并对外来文化做到兼收并蓄，不断完善包装设计，是包装设计的创新之道。

二、中华老字号包装的设计要点

目前市场上的老字号产品包装不能满足人们的消费观念和消费需求。人们对老字号的产品有着特殊的信任感以及历史情怀，但包装水平的不合时宜会造成这些老字号在外来新品牌的冲击下失去原来的市场，导致生存危机。老字号企业要想继续传承其品牌的独特魅力与文化，改进包装、再塑品牌已是刻不容缓的任务。对于老包装的再设计可以从以下几方面着手。

1.情感之"切"

老字号与现代品牌对比，展示出的是岁月的沧桑和品牌的积累。因此对老字号包装设计进行改进时，设计师应突出老字号的历史感、怀旧感，合理地提取民间艺术元素，将其应用于中华老字号的包装设计中。

我们所说的包装设计的生命力，是将中华传统文化积淀与当代文化不断融合，进而不断得到越来越多的创新元素。运用地方传统特色融入产品的包装设计，是老字号企业包装设计中的一种独特的创新思路。当前许多消费者十分推崇这种现代工艺与传统手艺相结合的产品，比如花西子品牌为了迎合市场需求，舍弃很多不成熟的外国包装设计，转而去研究具有中国设计元素特色的产品，该品牌的故宫系列化妆品取得了巨大的成功。

中国人对传统文化有着深厚的情感，这种情感如果在企业包装设计中运用得当，可以增加消费者的文化认同感，产生的商业价值是不可估量的。

2.纹样之"趣"

在老字号企业包装设计中，许多设计师都会应用生动形象的民间艺术纹样来进行设计。纹样的合理应用不仅使得包装在视觉上更为丰富多彩，也使得设计更具有趣味性。比如八仙过海中以蓝采和为元素的花篮纹样、与"福"相谐音的蝙蝠纹样、与"平"相谐音的瓶子纹样等，这些传统气息浓郁的纹样为老字号产品包装设计提供了丰富的素材。

下面我们来讲讲酒类的包装。举几个与中国传统文化融合较好的酒类包装例子：贵州茅台酒的标志运用了敦煌飞天的形象；"泸州老窖"四字用带有隶意的楷体书写，展现了中国书法的魅力。这些包装设计都是以中国传统文化作为切入点的，得到消费者的青睐。

以贵州茅台酒为例，它的包装纹样使用了人们熟悉的传统中式元素，例如喜鹊、凤凰、金合欢树、祥云和牡丹，看上去古色古香，具有极高的文化意蕴和传统风格（见图4-1）。精美的图案可以让人们很快地融入中国的文化背景之中，进而使得贵州茅台酒在众多的酒类品牌中脱颖而出。

图4-1　贵州茅台酒

在老字号酒类包装设计中，狮子顶球、莲花娃娃、戏剧脸谱等中国文化元素被使用得较多。有些酒类包装的封面运用了中国戏曲文化中脸谱面具的形象，还有的运用了年画中富有木刻风格的线条和鲜明的色彩。在文字设计上采用多种字体，配以民间传说故事，赋予商品极高的文化价值。

除此之外，还有许多酒类包装设计运用了陶瓷器皿的形象。例如山西女儿红的包装，不仅保留了古代酒坛的风格，绛红色陶瓷上的花纹巧妙地运用了莲花纹、祥云纹，上面盖头的纹样有龙纹、水纹，加以黄色的绳结，使得朴素、实在的中国情结深深地印入人们的脑海中（见图4-2）。

图4-2　山西女儿红

3. 个性化设计

在老字号包装设计的改造过程中，若想使包装具有魅力和生机，个性更加突出，需要个性化设计。

（1）性别化设计

包装的性别化设计指的是在外观设计风格上的性别化趋向设计，大多是面向女性消费者市场的。女性是消费主力，女性消费者不但数量巨大，同时在购物活动中承担着关键的角色。女性在选择自己所需要的商品时，往往也要考虑到家庭中的丈夫、孩子等的购买需要。由于女性的消费倾向大多受直觉的影响，所以商家要多从外观设计着手。她们喜欢造型典雅、线条纤细、色彩丰富的产品，所以在对老字号产品进行包装设计时，设计师要考虑到女性消费者的购买力和审美偏好，设计出更多符合女性需求的包装。

（2）年龄化设计

针对不同年龄层次来进行老字号包装设计，不仅使产品包装设计更多样化，还能够扩大该产品的消费群体，起到促进品牌消费的作用。如今市场上的老字号产品大都历史悠久、做工精良，但熟知其历史的消费对象多是中老年群体，企业往往忽视对青少年消费群体的宣传。老字号产品宣传力度不足、包装水平参差不齐，使得年轻消费者对其产品并不熟悉，从而失去了相当大的消费市场。因此，按照年龄需求改进现有老字号产品包装，针对儿童、青年、中老年人群进行相应的设计风格定位，使老产品换新装，这不仅大大扩宽了销售范围，而且有力地推动了传统文化的传承。

（3）民族化设计

就老字号产品包装的改进方向来说，老字号自身的文化特点和历史沉淀决定了老字号包装设计可以体现浓郁的民族性。为了体现民族文化特色，需要把我国传统美学中内敛、含蓄的传统审美特色与少数民族文化特色融合在产品包装设计当中，而不是简单地堆砌一些图案、文字、纹样。把传统的文化符号采用现代设计方式重新组合起来，使之既富有民族特色，又不失现代性，从而绽放出更吸引人的魅力。

要创新具有中国传统文化底蕴、与现代文化相融合发展的新产品，就必须在中国传统文化与现代文化、本国文化与全球文化的交融中做出自己的特色。包装设计的表现从过去单一寻求视觉效果的艺术形式逐步转向以文化消费为重心的设计方式。老字号产品包装的改进应该随着时代的进步走出具有中国特色的包装设计之路。在改进老字号包装设计的过程中，我国的设计师应注重地方特色和设计元素的朴素之美，不断进行创新，并对包装的外形、视觉元素和品牌文化进行设计改造。在对老字号产品包装改进的过程中，设计师要借用当代意识形态，展现出时代精神，以现代的眼光来评判传统文化中的优与劣，创造出同时具有民族性和时代性的现代老字号产品包装，让中国的包装设计具有更加独特的文化风格和更加扎实的发展基础。

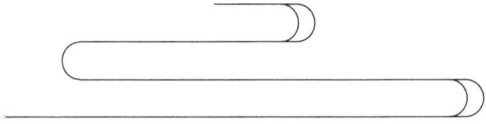

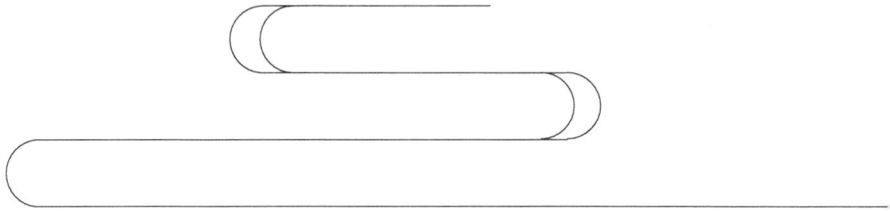

中 篇

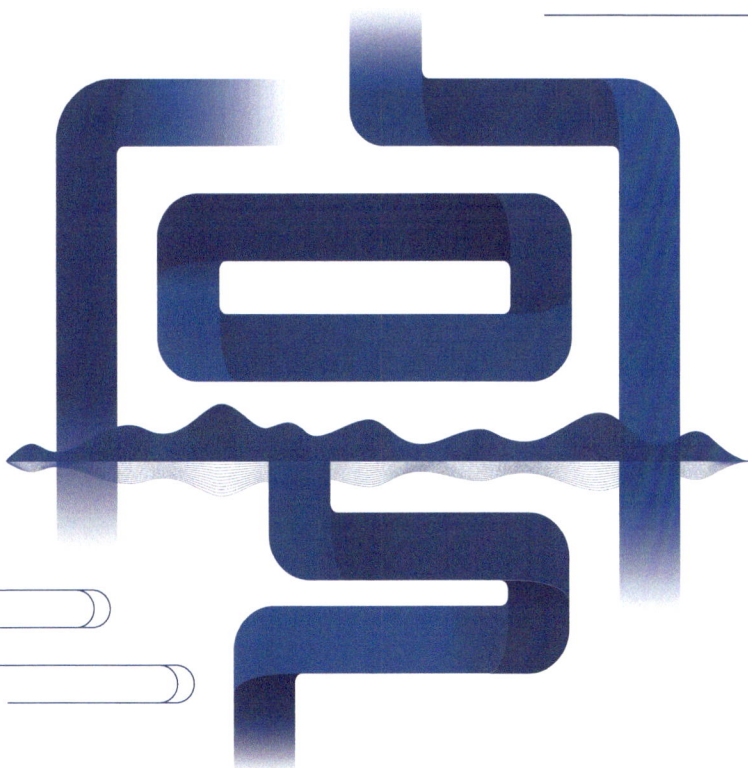

第五章

老字号企业包装设计的程序

第一节　老字号包装设计的基本流程

包装设计的具体流程有以下步骤：

①确定目标产品。

②对目标产品包装现状及其个性需求进行调研分析，包括产品的基本信息、包装信息、品牌包装分析、包装行业标准等。

③在基本掌握产品信息之后，进行设计的整体定位，其中包括市场定位、风格定位、文化定位等。

④内包装设计。首先对内包装的结构、造型、材料进行构思，并把草图方案绘制出来，然后进行三维模型的构建。

⑤外包装设计。根据外包装的造型、结构、材料，绘制出草图方案，构建三维模型。

⑥包装的视觉传达设计。根据内、外包装的结构进行视觉传达设计，其中包括图形、色彩、文字、标贴、编排等元素的设计。在这一环节里需要注

意内包装与外包装之间的契合。

⑦方案集成。

⑧设计总结。

第二节　老字号包装设计定位

一、突出文化内涵与打造品牌软实力

为了将老字号品牌的特色体现出来，需要结合其企业文化和历史以及品牌发展的需要，从中提炼出最独具一格的特色加以体现。而作为产品的包装，除了考虑到产品运输方面的便利之外还要考虑包装对人们的吸引力，这些并不是简单地将包装理解为文字图形的组合就可以了，需要进行更深入的分析和研究。

提升内在品质是每一个品牌都需要做的，而提升内在品质需要深度理解企业文化并进行不断的创新。缺少凝聚力和支撑力的企业，往往缺乏企业文化内核。对于饱满的品牌文化而言，其品牌内涵、理念的号召力、吸引人的文化历史、企业精神的凝聚力是缺一不可的。一个品牌若要具有唯一性，必然要经历无数的积累和历练，经历市场的无数次考验，才能拥有强大的竞争力和文化软实力，才能够经久不衰地在市场上散发出独一无二的魅力。老字号品牌得以延续的关键在于它们特有的文化历史，而如何将这种独特的文化传达出来，需要依靠产品的包装来实现，需要设计师们对品牌有深刻的理解，结合美学设计的各种元素来设计包装，给予消费者良好的感官体验。例如，日本不仅仅传承了中国的酱油酿造工艺，而且一些知名品牌逐渐建立起了自己的酱油文化。当今日本的"龟甲万"牌酱油在世界各国的超市里都可以看到（见图5-1）。

图5-1　日本"龟甲万"牌酱油

二、实现形式与功能的高度统一

独门独户仍然是许多老字号品牌的经营方式，但这种古老的经营方式导致老字号往往忽视对产品包装的打造，后果就是商品在市场中同其他经过精心包装的商品竞争时不占优势。商品包装能够直接影响到消费者选择与否，事实表明在产品质量和价格等差别不大而又缺乏产品相关信息的情况下，比起毫无新意的包装，美观又富有新鲜感的包装更容易被消费者所注意，被消费者所选择的几率也就更大。老字号的包装可以适当采用一些民俗文化来作为设计的切入点，然后将图形文字进行联想和延伸，突显出品牌的独特历史和文化，形成大众眼中独特的品牌形象，同时也能够增强产品在市场上的竞争力，促进销售。

老字号——王麻子剪刀（见图5-2）现今依然活跃在市场上。其在包装上利用沉稳厚重的字体来突出品牌主题，图案和文字的搭配既有张力又不失新意，复古和现代相交融，使品牌既具有传统意味，又具有年轻活力。整体包装看上去十分低调、充满专业感，在满足消费者使用的同时也带给消费者对于商品质量的信任感。

图5-2 王麻子剪刀

三、继承式创新设计

很多经历了几百年历史的老字号企业早已被大众所铭记。因为人们拥有怀旧情感，所以进行包装设计时不应盲目地创新，必须不断地进行反思总结并归纳出多种优秀包装的设计形式，在这个基础上针对老字号品牌进行包装上的改良和革新。在现有的审美意识的指导下，通过对产品包装进行适当的改变来让消费者老字号对品牌与商品的情感得到延续。

老字号品牌传承至今，其中凝结了无数经营者的心血，同样也沉淀了丰富的传统文化。这些精髓为老字号产品的包装设计提供了无限的创新灵感和驱动力。通过恰当的方式发掘优良传统文化并与老字号包装设计相融合，能够使老字号企业获得旺盛的生命力从而长盛不衰。

四、设计回归生活情境

包装的设计想要符合消费者的使用习惯，就要让包装设计回归现实生活。现代社会工作生活节奏在加快，消费者对于商品消费体验的要求也越来越高。因此对大众消费体验具有很大影响的包装设计就变成了相当重要的事。在不同的背景下，人与环境、包装等之间的关系是很复杂的，不同的情境之下都会有所变化，因此需要对包装在不同环境下的使用状况进行评测和分析。

消费者们最开始进行购买的场景是各种零售店、商场、超市等，在线下购买的环境之下人们可以十分直观地感受到商品包装的色彩、造型以及质感等。因此分析不同情境之下消费者和包装之间的互动就显得格外有意义，同时也可以引导设计的整体方向。产品包装的实用性和便利性等是消费者考量商品整体质量的环节之一，同时消费者也会更加青睐设计轻便美观、科学合理的包装。

五、弘扬中华传统文化

地域传统艺术中的许多元素都是与市场需求、企业形象和历史等相联系的，可以通过概括化以及扁平化等方式将同老字号企业所联系的文化、人物、典故、传统工艺等进行更深层次的发掘，从而将其合理运用到商品的包装设计中。

第三节 老字号包装设计目标

一、突出民族文化特色

身为设计师，在产品设计的过程当中需要掌握不同人群的思想审美观念与人文习俗，这样才能设计出符合市场和大众消费预期的包装。中华民族的文化底蕴和优良传统对老字号企业的产品包装设计是特别重要的，因其精神内涵和文化深厚，对于设计师的考验十分艰巨。因此老字号产品的包装设计应当更多地体现历史文化和现代的贯通。可以适当地融入符合大众认知的正面寓意于其中，例如吉祥如意等。这样不仅极大地丰富了包装的样式，还可以传递独有的中华传统文化，更加符合大众对于产品的审美需求，满足大众对中华传统文化的认同感。

现今的企业包装设计，并不仅仅通过模仿和借鉴前辈的设计经验来实现设计目的，必须围绕品牌的产品品质和内涵开展设计，进而不断创新。对老字号企业包装的基本特征和构成及其品牌文化进行研究，深刻理解和把握构图、文字图形的运用和色彩创意，不断调整观感和使用体验进而使包装设计与产品统一，才能够造就富有魅力和感染力的包装设计。例如，将中国书法艺术加以运用，用丰富的笔墨以及不同的字体彰显中国韵味的大气与豪迈，这不但体现了中华文化历史的悠久深远，也彰显了东方文化的博大精深。

二、品牌文化的创新与突破

文化创新对老字号品牌的发展起到至关重要的作用。许多老字号品牌在自己漫长的发展史当中忽略了文化的不断创新，沉溺于过去企业经营的辉煌，也就无法从历史文化底蕴和设计创造当中寻求文化创新的突破。我们以沃尔玛与瑞蚨祥为例加以说明。沃尔玛自成立以后经过几十年的发展，成为全球大型零售企业之一，但创办于清代道光年间的瑞蚨祥如今却门庭冷清，让人感叹。限制老字号企业发展的因素就是循规蹈矩和盲目怀旧，不寻求与时代并行的新设计就会落后于时代。而有些老字号则"宝刀不老"，在其他老字号逐渐衰落甚至消失在市场中时，它们仍旧持续焕发青春，这就是老字号企业在保留原汁原味传统的基础上进行合理创新所带来的效益。已有百年历史的本土葡萄酒生产企业——张裕，其包装体现了与时代和品质相融合的设计感：葡萄酒酒标上的"1892"的字样以及原始的葡萄酒酒楼的图画，不断地向消费者输出张裕百年品牌的高品质和辉煌历史。老字号相比许多新兴企业来说，经营的不单单是商品，也包括附加在商品品质之中的文化和精神，这种文化和精神恰恰是老字号企业需要坚守的，是企业不断奋进发展的核心动力，一旦失去了其长期积累起来的文化，企业也就失去了灵魂。

三、老字号年轻化与现代品牌之路

国内知名的老字号企业平均年龄并不逊色于国外许多品牌，但是重视产业整体、做出新的发展规划和升级的企业少之又少，许多门店仍旧保持着当初创业时的服务和运营模式。而国外的许多品牌虽然起步相对较晚，但是却有针对性地调整企业的核心理念和整体运营规划，并积累了许多成功经验，使这些资历尚浅的品牌快速地适应了市场的变化并不断发展壮大。因此国内老字号品牌想要一直紧随市场的脚步，保持辉煌的品牌形象，就需要对原有的企业形象进行合理的重塑。

符合时代的产品包装应该能够促进消费者购买的欲望并且为消费者带来视觉愉悦感受。可口可乐的包装设计（见图 5-3）就完美地展现了这一点。可口可乐产品最核心的本质一直不变，每当消费者购买到可乐时，能够根据可口可乐不断更新的外包装来感受这个品牌所拥有的青春活力与热情，从而获得一种鲜活灵动的视觉感受。为了适应不断变化的市场环境，该品牌在包装细节上会把握当下的潮流，及时对包装细节做出相应的改动和调整。设计师必须拥有很强的专业素养并且紧跟时代的脚步，才能给予作品足够的魅力，其所参与设计的品牌才会随之壮大。

图 5-3　可口可乐包装设计创意

四、人与自然和谐共生

大众对于自然风有一种天然的亲近感。农产品的包装应该是具有浓厚的朴实感和自然风韵的，因此提升大众心理上与自然的和谐感也就成为农家特产所想要传递的精神。这种类型的包装更多地体现出一种温情，能够满足消费者对于家乡或者自然的向往和怀念之情。现如今有很多人都更愿意追求质朴、单纯的生活方式，因此许多农产品的包装设计拥有的自然清新之感是许多其他商品所无法替代的。

由于对盲目工业化设计的反思，包装设计逐渐呈现出"人性化""自然化"的趋向。自然元素在设计中的运用也越来越丰富，这恰恰满足了追寻自然健康生活理念人群的需要。品牌在设计主题和理念明确的基础之上充分利用恰当的设计手法去表现，传达自然之感的同时呼应了当今社会所倡导的绿色环保的时代主题，使品牌的内涵得到升华，也促进人与自然、人与社会的和谐发展。和谐之美在中国的文化中也同样表现为简单纯朴，这种美感是与大自然相呼应和融合的。

包装作为商品"无声的推销员"，在商品的销售中起着很大的作用。因此对于农产品的包装设计，设计师们应该深切地感受自然、顺应自然，这样才能设计出好的作品。许多经济发展滞后和地理位置偏僻的地区拥有丰沛的自然资源，对于这些地区的农产品包装设计，设计师应当深刻理解这些地区的自然环境和独特的文化并在作品中加以传达和表现，同时把握消费者对于农产品的心理诉求和审美上的偏好，使二者融合起来以达到包装设计和产品特性之间的和谐。体现生态之美的包装设计往往会给人们带来纯净的感受，进而促进农产品的消费和品牌的延续。

许多老字号品牌发展至今，与消费者之间建立了很深刻的联系，凭借的就是自己多年以来所积累的文化历史和自身过硬的产品质量。现如今的人们不只追求产品对于自身物质欲望的满足，对产品所能够给予的精神愉悦也有很高的要求。因此，老字号品牌要在追求产品质量提升的同时对产品包装进行符合形势与功能的改进和更新，以寻求企业文化新的突破。

第四节　老字号品牌塑造及焕新发展的策略

一、挖掘品牌文化基因

品牌文化基因可以分为历史文化基因、地域文化基因和产品文化基因，老字号品牌所特有的文化基因使得品牌壮大和发展，因此充分挖掘这些品牌的内核在设计中是尤为重要的，会使得一个品牌更加鲜活，富有生命力和凝聚力。

二、建立品牌联想

品牌联想的建立要结合品牌的整体定位以及视觉等要素，品牌联想的成功建立是非常有利于老字号品牌发展的。例如，说到月饼就联想到美心，说到青团就联想到沈大成和杏花楼，说到老式糕点就联想到鲍师傅和稻香村等，这些能够让人铭记的老字号品牌往往拥有足够优秀的创意和良好的品质，从而可以不断打动消费者，激发消费者的购买欲望。

三、塑造品牌形象

仅凭借一款质量优良和设计合理的产品来吸引消费者是远远不够的，良好品牌形象的建立也是吸引消费者的有利因素。有太多的产品由于品牌的整体形象不够深入人心而销量惨淡，导致无法继续经营。同样的道理放在老字号品牌身上也适用，对于一味守旧的经营和落后时代的品牌形象，如果不及时做出调整，为品牌输入符合时代审美和消费需求的新鲜血液，这些品牌就会迅速被市场淘汰，消失在大众视野之中。许多老字号品牌已经陆续有了更新品牌形象的意识，如设计品牌吉祥物，对产品的标志、包装、造型等外在要素做出积极调整。

第五节 老字号包装设计的改进

在老字号包装设计改进的过程中，首先要树立起正确的设计理念，理念正确了才能创作出有特点的包装设计。从设计角度来讲，我们要有"舍"与"得"的观念。

中华老字号品牌发展史是相当久远的，基本都具备了可靠的商品信誉度、稳固的市场基础和丰富的历史文化底蕴。现在老字号发展处于瓶颈阶段，其中主要的制约因素就是品牌形象老化，因此要舍弃不能和时代潮流同步的包装形象，解决包装设计中传承与创新的矛盾，与时俱进，创造提升品牌竞争力。

从包装的形象元素等角度分析，老字号基本都是本土商业文明历史的经典代表，拥有一些专有的文化形象以及强烈的地方民族特色，如传统装饰、独到的技术等。这些元素具有唯一性和稀缺性。因此，在包装的设计中可以考虑以下问题。

一、把握包装的情感要素

随着社会的进一步发展，消费者除了看重商品的使用价值外，对于商品包装也很讲究。成功的包装设计作品一般会伴随着视觉形象产生心理感觉，如高贵、含蓄、质朴等。因此设计师应在包装设计中体现符合大众普遍情趣和审美习惯的观念，对审美文化的尺度把握要恰当。

二、掌握当代的文化动态

对于一个设计师而言，掌握流行文化的动态、把握时代的风尚、关注新的设计动态非常重要。包装设计与社会文化有着紧密的联系。老字号包装设计的过程中会不断受到新观念的影响，这些影响给设计的改进带来灵感。

第六章

老字号企业包装设计的方法

第一节　老字号包装设计的要点

在商品同质化越来越严重的今天，包装设计从过去单一地寻求视觉刺激渐渐地转向以文化为侧重点。在老字号包装设计的过程中，设计师更应该注重设计的地域性、设计元素的代表性和感情的怀旧性。

一、图形设计的创新性

图形具有象征性、寓意性，因此这个要素往往最能体现出产品的特色，并在产品包装上作为主要的信息承载者。设计师在为老字号品牌设计包装或选用视觉图案时，要确定图案的表现形式可以传达出该产品的价值。图案的表现可以激发消费者的想象力，从而激起他们心中对美好事物的向往，还可以使 他们形成对商品的认同感，进而形成购买欲望。因此包装设计要想获得成功，在设计图案的选取和展示过程中，如能表现出设计图案本身的原创性，将能够更好地设计传达效果。

　　设计师要学会并善于发掘每个产品本身的文化含义，并将它用不一样的方法表现在品牌设计中，如农夫山泉的高档矿泉水所采用的东北虎等图案设计，就很好地把农夫山泉"天然好水"的经营理念和中华民族的传统文化融汇在一起；再例如沈大成的糕点包装采取传统和现代结合的包装思路，这一创意吸引了广大消费者的关注，对销量提升起到了很大作用。综上所述，要想设计出被消费者所接纳并喜爱的包装，就需要在设计中将企业文化和产品创意深度融合。

二、绿色包装材质

　　随着人们对健康生活的向往，环保理念逐渐深入人心。因此设计师在包装所采用的材质这一问题上要认真思考，例如包装材料是否可回收利用，包装是否安全耐用、方便储存，以及有无多种用处等。随着社会的发展，近些年来逐渐出现资源匮乏和污染加剧的状况，企业渐渐把目光放在绿色无污染、环保材料的研发上，使许多资源可重复利用，绿色环保的包装设计也逐渐被大众所接受。

三、有特色的地域文化

　　土地辽阔的中国拥有多样的地域文化，每个区域都有其具有代表性、民族性特色的物品。设计者在老字号包装设计上可以采用具有地方特色的色彩、图案、文字等，这些标志通常会让消费者回忆起些许曾经的人生经历、生活感受，由此引发其内心深处的共鸣，进而提高消费者的购买欲望，加深品牌在消费者心中的印象。

四、设计定位的明确性

　　想设计出具有时代感的老字号品牌包装，就要深究企业文化的精华，分析产品的特性，用现代审美思想与之融合，从而将老字号的文化精神转换为视觉设计形象。设计师在进行老字号包装设计时可以结合产品自身的特性，将传统文化和民间文化元素融入产品的包装设计中。例如，"广州酒家"月饼包装给消费者带来高质量的体验，"上海女人"把旧时代上海美女的复古感加到包装上来再现经典，这些包装都有其独到鲜明的形象，传统与现代完美融合，得到了消费者的认可。为了使产品能够不断适应市场的变化，在设计老字号品牌包装过程中设计师要从现代审美的设计概念出发，结合创新的设计手段，把握市场共性与产品个性。

五、创新性与经济性的综合考量

产品包装的艺术和审美追求与生产成本之间的平衡也是设计包装时需要考量的一大关键因素。为了建立产品形象、提高企业知名度，需要设计符合消费者审美观并且造型独到的包装来激发他们的消费欲望。有些设计师由于追求产品在艺术方面的高水平而使用高成本乃至奢华的材料来进行设计，超过了消费者的承受能力。设计师不能单凭个人审美或者从美术角度出发而不考虑市场情况，包装设计的过程中首先应当考虑设计的实用性，要以市场需求、功能与形式的统一为基本前提。

第二节　老字号包装设计的方法

老字号的包装设计方法大概有如下几点。

一、比较法

可以将自身品牌与其他老字号品牌以及新兴品牌从多角度进行比较，包括企业文化、设计整体方向、用户群体等，多方面地将自身优点和弱点与同类竞争品牌进行比较、分析和精准定位，以保证设计的可行性和消费者的认可度。

二、分析法

对于包装设计来说，设计分析是重中之重，需要从不同的角度来考虑设计的可行性，一般要从以下三个方面来加以考虑：

①企业。设计制作包装所需要的成本是企业主要考虑的，因为这会影响到企业的利润。

②消费者。产品包装是否健康环保、性价比如何、是否方便携带、是否坚固耐用等都是消费者关注的要点。

③设计师。产品包装的美术表现、视觉效果、是否具有创新性等都是设计师们设计包装时考虑的重点。

三、模拟法

要想形成一个完善的设计方案，所需的时间是很长的。设计师要先对产品素材进行分类整理，研究企业文化的内在精神，从而得到设计的思路。在初步的设计方案完善之后，需要用合适的制作手法、原材料来使产品的包装实体化，通过更加直观的形态来改进之前设计的不足，弥补设计时的疏漏，以达到满意的效果。

以老式糕点为例，对于老式糕点可以从以下几个方面考虑包装设计方案。

1. 包装造型

中国老式糕点承载着一代又一代人对于中式糕点的记忆，在逢年过节时也是消费者们争相购买的商品，例如稻香村的糕点等。在这些老字号的包装造型上有很多设计方案，现在比较常用节日福袋的形式进行设计。食品福袋的整体设计通常有着浓郁的吉祥意味，代表着祝福，包装还可以二次利用。除了福袋的形式，在包装造型上还有很多节日场景的图案，如嫦娥奔月、猴子捞月等民间传说和故事的图案（见图6-1）。

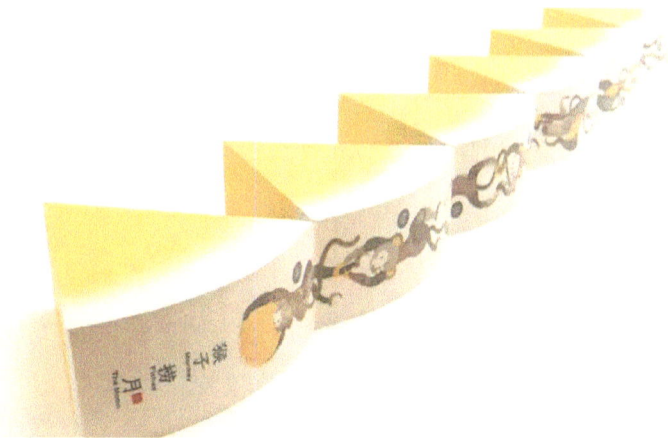

图6-1　猴子捞月包装造型

2. 包装材质

老字号产品的包装材料可以充分体现传统意味，采用一些天然的、有一定传统文化味道的材料，例如福袋的材质一般采用黄麻织物等天然材料。这种麻质材料是公认的环保材料，是可以降解的材料，具有很好的透气性和吸水性，利用它制作包装，既美观又能够降低加工成本。

3. 视觉方面的再设计

调查表明，消费者在面对琳琅满目的商品时，会更偏向于去选择自己熟悉或喜爱的产品。例如福袋，其包装在材料、造型以及元素等方面的精心设计能够吸引消费者的注意，让消费者对福袋里面的商品有所期待。

第三节　老字号的系列化包装设计

将老字号产品包装的牌号、形态、颜色、名称等要素进行整合设计就是我们所说的系列化包装设计。老字号的包装设计应该在系列化方向上进行研究，例如一个老字号品牌相同系列的产品或不同味道、不同颜色、不同型号的产品，都可以基于品牌的系列化包装风格来进行设计。

例如对于包装形式上的分类，其中的礼品装、盒装、散装可各分为一个系列；还可以区分出内包装和外包装，而这种内、外包装又能构成某一种系列的包装。系列性的包装一般具有以下特点。

一、统一造型特征

在对不同规格包装进行设计时，应该注重其统一性，使同一系列的包装成为一个有机的整体。

二、统一品牌标识

为了有效地扩大市场，提升自身的知名度，扩展销售渠道，企业可以将各类型产品的品牌标识进行统一，形成系列化包装。

三、统一版式字体

为了使包装设计呈现统一性，包装的字体大小、文本排序、图案表现、商标位置都需具有较高的一致性，即设计系列化包装时产品名称的文字大小、规格、颜色商标位置都应保持一致。

四、统一主色调

设计师可以以产品的特性和种类为出发点进行包装设计，例如包装的主色调可以采取品牌的代表色或其他色调为一个系列的主色调，后续再在小面积的配色上按照不同产品的特性做出调整，从而让消费者根据包装颜色的区别来分辨产品种类。当然配色的选用也要注意与主色调协调统一、相互搭配。

五、统一图案风格

图案的风格在设计过程中也要强调一致性，即图案的构图位置、大小比例要尽量一致。为了提高图案风格的统一性，一个重要的设计手段就是定位图案，因为产品包装的规格和形状等会由于产品的大小不一而改变，定位图案可以帮助设计师确定不同大小的产品上主要图案的大小比例合适。在设计系列化包装过程中必须遵循求同存异、多样统一的设计理念，将变化性与统一性结合在一起。

第四节　案例分析

在这里以酒水包装为例讨论一下关于包装设计的有关内容以及意义。酒水包装要为企业品牌增加附加值，需要选用创新的包装材料以及功能性的结构，包装要具有可循环利用的性能，这样才符合现在的绿色包装的理念。提高酒水包装附加值的理念这些年已经逐渐向可循环利用、包装环保化的方向发展。在研究分析酒水包装案例过程中，我们可以将包装设计的策略和方法总结成显性设计与隐性设计两个部分。

一、显性设计

显性设计作为增加包装产品附加值的关键点，其目的是通过引导消费者的购买来实现销售。显性设计策略和方法在酒水包装的附加值设计中主要体现在以下三点。

1. 包装结构"设计化"

包装的结构设计是否合理是设计师在提升酒水包装附加值时应注意的。设计师应恰当地通过更改包装本体结构来对应酒水包装自身的特性和功能需求，譬如改造或添加包装结构的某个部位、拆分传统包装结构等，以此来提升酒水包装的附加值。这种结构上的设计化是在遵循实用性原则的前提下以满足消费群体需求为目标的，并不意味着创意设计，也不是简单的原创翻新，所以具有一定的针对性以及实用性，例如拆分酒盒包装底部，将灯泡与电线置入其中，然后将包装盒作为灯罩，将其改造成一盏特别的台灯，既实用又方便。这种显性设计手法在目前市场中已经得到消费者的普遍认可。

2. 选材与加工工艺环保化

设计师在提升酒水包装附加值时不仅要考虑加工技术手法是否环保，还要考虑材料是否可循环利用。目前，为了提升酒水包装的附加功能，我们要在现有包装材料的基础上选取环保材料，然后再对包装本体进行全方位的设计，遵循绿色包装和可持续发展的理念。例如，美国设计师阿斯托和塞奇制作了一种可循环利用的酒水包装，其选取了可回收利用的布料制作主体、其他可回收材料制作装扮图形，这种以可循环材质替代传统包装材料和油墨的方式减少了非环保材质的使用，有利于回收和循环利用。但是该种包装设计采用的环保材料以及现代加工技术导致加工成本相对较高，所以设计师也要将成本比例问题纳入考量范围。

3. 高新技术"应用化"

在包装设计的过程中，为了进一步满足消费者和市场的需求，企业开始开发和采用高端创新技术。例如，在2013年宋河白酒包装设计大赛中，柯胜海等人设计了"拍乐"白酒包装，将白酒包装本体转向手机移动客户端，从而改变了消费者传统的酒桌喝酒模式，获得了众多年轻消费者的喜爱，以此提高了企业知名度，提升了包装设计的附加值。在未来，酒水包装附加值设计将会趋向于一种目前社会讨论最热烈的"跨界"设计，如上例在白酒包装设计中采用高新技术与包装融合的显性设计手段与策略。但是这种设计手法开发成本相对较高、研发时间相对较长，所以发展较为缓慢。目前互联网虚拟技术已经成为推动包装技术发展的新动力。

二、隐性设计

隐性设计亦称"隐性功能",是提升产品附加值的关键点,它属于一种不可预期的、不直观的工程设计,其可以反映出包装产品的特性以及功能。对酒水包装而言,隐性附加值设计方法和策略主要有两点。

1. 包装外观形式"艺术化"

包装是品牌推广的一种手段,传统酒水包装为了实现其销售、传播目的,基本设计手段是通过文本、图案等具有一定寓意的造型来树立品牌形象和推广产品信息。目前酒水的包装为了达到销售的目的,将观感体验作为设计出发点,贯彻技术与艺术的整体融合,以此增添酒水包装的观感艺术价值,提升其附加值。比如,美国罗林洛克啤酒采用了绿色的玻璃瓶包装,并且将具有个性的艺术装饰加在瓶身上,受到了消费者的追捧。又如,首个在"2013意大利米兰产品设计周"上发布的智能啤酒瓶使用了新型打印科技(紫外光固化油墨打印等)和材料,同时还在啤酒瓶底部配备了一个 3D 打印机打印的电器元件。该元件可以让啤酒瓶根据用户不同的动作做出不同的响应,甚至可以通过远程控制来配合音乐的节奏。这种创新手法使得该产品在同类产品当中脱颖而出。这种包装形式注重外观的视觉效果以及艺术气息,打破了传统意义上酒水包装承载信息的单一形式,是酒水包装行业的一次大变革。值得一提的是,应在保留酒水包装产品自身特性与功能的前提下,合理、适当地应用相符的创新手段与艺术设计手法,外观形式的"艺术化"并不意味着过度包装,只有如此,才能达到艺术与技术的融合,实现包装形态和艺术美观的协调统一。

2. 注重酒包装的文化含量

企业和设计师在如今的酒水包装设计领域中愈加强调信息在酒水品牌中的传播和促销作用。酒包装附加值设计的重点在于其包装设计不但可以体现出品牌形象,弘扬企业文化,宣传本土特色的风格,还可以提升其促销功能,这是一个优秀的酒水包装设计所必须具备的。以"国窖""酒鬼酒"为例,两款产品在造型上都彰显出了中国传统文化的特点,而且选用的包装材料也都显示出自然、朴素的美感。企业尤其是知名企业在提升酒包装附加值时更应将企业文化和传统文化完美地结合在包装设计当中,需要更加重视本土文化、企业精神和品牌形象,让整个包装魅力四射。只有这样的品牌才能在当今激烈的市场竞争中占有一席之地，消费者才会对企业的产品有认同感。

通过以上包装的分析可以总结出包装具有增加产品价值的作用。根据上面总结的方法以及结论分析，可以得出以下几个在酒水包装设计中应遵循的原则：

第一，环保与低碳原则。为了实现降低废料、节约资源、达到最大的经营利润和社会效益这一目标，设计师要遵循低碳与环保的原则，即在包装设计过程中选用具备无危害、可回收、无污染等特性的低碳绿色可循环材料，加工技术也应朝着简单化的方向靠拢。例如，2013年宋河白酒包装设计大赛中的"道"酒包装设计作品，其选用的包装材料不是以往传统的塑料材质，而是竹笋壳及麻绳，这种方式给包装增加了低碳、环保、可回收的附加价值。又如五粮液在其酒包装上选用可循环利用和可回收的聚酯材料及环保油墨，新颖的包装不仅得到了广大消费者的喜爱，而且彰显了企业自身乐于承担社会责任的形象。走绿色环保包装的路线必然是未来包装设计的发展趋势，必须将绿色环保的原则施加在设计理念上。但是在采用环保材料时，对应的生产加工和材料成本都会相应地高于原本的包装成本，因此还需要对生产成本进行考量，要适当、合理地运用这一原则。

第二，实用性原则。实用性原则即该附加设计在产品使用过程中和使用后能够产生积极效果。实用性因其能够快速满足消费者需求的特性，成为酒包装附加值设计过程中要遵循的基本原则，是评判其包装设计能否适应市场需求的重要标准之一。比如，2013年宋河白酒包装设计大赛中的"LIGHT"白酒包装，该酒包装的瓶盖除了具有防止酒水误酒的基本功能之外，还在其内部装有一只小型灯泡，可以当作小型电筒使用。值得一提的是，在包装设计时要对附加值有准确的认知，要将"附加值设计"概念与"盲目再设计"概念做出区别，提升酒包装附加值的设计手段并不意味着包装复杂化，也不是过度包装，更不是单纯地为了提升附加值而设计包装，在设计时要分析附加值设计的实用性是否可行。

第三，相对成本最低化原则。一个产品的信息销售链和生产链的关键是生产成本的预算，其对生产企业最终的营业利润和社会效应都会产生影响。所以设计师为了让目标产品快速跻身市场销售前列，就需要在符合当前生产工艺水平和满足市场要求的基础上，最大限度地降低附加值所需要的生产成本，避免成本预算与产品包装设计的附加值不匹配。例如，在2013年宋河白酒包装设计大赛中出现的"LIGHT"白酒包装，该包装的外包装材料选取了成本相对较低的 PET（聚对苯二甲酸乙二醇酯）薄片，在包装可以循环利用的同时也减少了企业的生产成本。"LIGHT"白酒包装不仅在外观造型上参考了具有中华传统气息的灯笼造型，还遵守了最大化降低成本的原则，让这款包装看上去兼具时尚气息和古典韵味。如何在增加包装附加值设计的同时减少包装所需的成本是设计师设计产品时考虑的重中之重，所以其务必要从包装材料、加工工艺技术、市场需求等角度多方面地考量成本预算，在设计产品附加值的同时选择相对符合自身产品情况和企业水平的生产成本。

酒包装产生的附加值设计随着当今科技水平和社会经济水平的不断提高，已经逐步在人们的日常生活中得到了体现。其中最主要的就是包装的环保化应用，这是未来酒包装设计行业发展的方向，其不仅满足社会需求而且满足消费者的心理需求。设计师应思考如何使包装环保化、绿色化、无害化，减少生产成本和提升包装实用性等问题，将绿色包装与安全的设计理念贯穿于产品包装附加值设计的过程中。在目前各个产品的环保包装设计中，通常的手法主要有以下几种：

第一，环保材质选择法。绿色包装材质的选取是环保包装设计的重点，包装材质会影响到包装最终是否会对环境造成污染以及是否存在过度包装，即包装重复性。采用健康无危害的包装材质是非常重要的。

第二，特殊文字提示法。设计师通过在包装上增加提示的方法，使消费者认识到包装对环境的危害一部分来自购买者对包装的不当处理，所以实现包装环保的重点之一是消费者如何妥善处理产品包装。

第三，通用图案暗示法。为了达成环保设计的目标，设计师在进行包装设计时可以增添特定的图形暗示，譬如在产品包装上增加垃圾箱的图形来告知消费者如何妥善处理使用后的产品外包装，也可以添加带有箭头的圆形图标来提示消费者该产品的外包装可以重复循环利用。在经济全球化快速发展的今天，设计师也可以采取不同地区和国家的环保图案来提示外销至各个国家和地区的消费者，例如外销至北欧等国家的包装上可以添加北欧的环保标志——白天鹅等。

第四，组合环保设计法。所谓的组合环保设计法就是指对各种能够体现环保观念的设计手法加以综合性运用。将传统文化元素融入环保包装材料中，更能彰显设计师设计包装时的环保思想，突出企业文化的内涵。

第七章

老字号企业包装设计实践

第一节 木版年画在包装设计中的应用

木版年画是一门民间艺术，是中国特有的传统民俗文化形式，历史源远流长，极具魅力。在民间，木版年画代表了吉祥和幸福，反映着人们对于美好生活的向往与追求。木版年画不仅表现出鲜明的民族性，还表现出独特的地域文化特征。木版年画风格多种多样，在山西、山东、四川、河北等地均形成了各自的地域特色。中国木版年画是人类非物质文化遗产之一，可以给现代设计师们在产品包装设计方面带来特别的创意素材。

现今，不少包装设计不仅继承了木版年画的艺术魅力和特点，同时也巧妙地融合了现代设计理念，使木版年画的制作变成了一种新的艺术创造的过程，此时的木板年画已经具备了与时俱进的新的时代特征。现代包装产品设计既能够表现木版年画的特有魅力，又能够把木版年画艺术直接运用于社会公众的消费中。

一、木版年画的构图

1. 追求"满"构图的木版年画

一般说来，我国传统木版年画的结构都讲究一种"圆满、堆成、整齐划一"的设计风格。这种设计风格使人在视觉上获得了平衡、稳定、舒畅等审美感受，很大程度地体现了我国传统的审美观。木版年画是我国传统文化的重要组成部分，其在绘制和使用过程中不可避免地受到了传统文化观念和风俗禁忌的影响。比如，在绘制木版年画时多使用吉祥的双数，每一幅画中均以成双成对、和睦团圆、美满团圆为内涵来表达。据调查统计，在中国河南、福建等地，木版年画大都采取金"满"字构图模式。在最典型的木版年画《金玉满堂》中（见图7-1），一个大头娃娃正在抚摸着旁边鱼缸里的小金鱼。"金鱼"谐音就是金玉，代表了人类对幸福快乐生活的向往；画面为中心构图，背景版式左右对称，画面整体十分饱满和充实。

这种木版年画的构图概念在商品包装中应用得比较频繁，与现代包装设计理念不谋而合，既反映了我国传统文化之美，也使人们感受到包装本身的文化底蕴。在当前的产品包装设计中，中国木版年画由于其特殊的结构特点，主要应用于红包的图案产品设计中，例如将"满"字结构模型和财神形象及其所蕴涵的思想、福文化理念等设计成红包封面，既表示快乐、美好、

图7-1　木版年画《金玉满堂》

和谐和财富，也寓意崭新的一年有一个良好的开始，新年新气象。木版年画的整体画面内容相当充实，装饰性很强。它能够使人类体会到对未来美好生活的追求。同时，它还能够利用传统年画中"满"的结构形态使人体会到年画的整体情感表达。

2. 注重对称结构构成的木版年画

中国人喜爱双数，也喜爱成双成对的感觉，所以"对称式"结构也是中国木版年画上经常采用的结构类型之一。门神的历史十分久远，每到逢年过节，老百姓们就会在门上贴上门神。而在我国古代，由于每户人家的木门通常都是左右两扇，因此许多木版年画必须同时贴在两扇木门上，这就需要采用对称的结构，并增加一些简单的变化。这种结构形态充分体现了我国传统艺术

思想中的阴阳互化观念，可以促进画面的和谐平衡，表现出画面的秩序感，以便在视觉上取得和谐一致的效果。这也被很多包装设计所借鉴，以追求整个设计的和谐对称。

一些产品包装设计采用了木版年画对称的基本结构和鲜明的传统文化理念与图案，以凸显整个设计的和谐、统一，更适合现代人的审美要求。将木版年画的对称性与色彩美感加入现代包装中，可以使更多的人体会到木版年画的魅力。例如，在圆筒形的木制包装的表面刻制出年画的线条图形，完成后将包装送人，收礼人在拿到包装后就能够使用颜料自行创作出一幅幅传统的木版年画，让人体会到木版年画艺术的韵味。这种包装方法既弘扬了木版年画艺术，又使包装设计更富趣味性，从而吸引了现代消费者，实现了传统文化元素的现代转化与传播。

二、木版年画中的色彩应用

在包装设计中，颜色使用是最直观的体现。成功的颜色使用能够表达出视觉艺术的深厚内涵，激发消费者的购买欲望。颜色也会因为社会、历史以及经济环境等的差异而被赋予特定的情感含义，不同的颜色会对人的情感活动产生影响。

1. 木版年画中的色彩含义

颜色是最醒目、最直接的美术表现手法之一，在包装设计上，良好的色彩应用不仅可以为人们提供愉悦的视觉感受，而且能迅速激发用户的购买欲望。在我国，由于社会风俗、经济文化、地域历史等各种因素的影响，色彩表达的情感内涵也十分丰富，形成了多种多样的色彩语言。不同的颜色给人不一样的视觉感受、心理感受、情绪感受。所以，设计师必须充分考虑到传统包装颜色和现代包装颜色的融合，从而更好地为现代包装设计服务。在借鉴传统木版年画元素进行包装设计的过程中，需要充分考虑包装色调的情感表现及其色调变化对人们的视觉与情感所产生的影响。其主要目的并不仅仅是更有效地影响使用者的心灵感受，同时也不断增强使用者对包装设计的认同感。

2. 木版年画中的色彩搭配

传统木版年画中五大基本色彩依次是红、黄、蓝、白、黑，其颜色运用深深地体现着中华民族的特点，不少中国民间的木版年画创作者口口相传的秘诀便是"红间黄、喜煞娘，红搭绿、一块玉"等。由此可见，在传统木版年画中颜色的搭配运用非常关键。木版年画元素在现代包装设计中的颜色应用采取了对比色原则，在包装上大量使用中国传统的色彩概念，以形成非常鲜艳的效果，同时又符合一般人对颜色的审美要求。在一些常见的木版年画中，红配黄的配色十分普遍。红色给人一种热情、欢乐、喜悦的感受，让人产生关于生命、幸福的联想；黄色是一种色彩明度较高的颜色，会让人联想到光明、快乐、活力，常作为光明的代表。这两种颜色放在一起给人一种幸福快乐、温馨圆满的感觉，将类似的颜色运用于现代包装设计当中，可以满足使用者的审美心理，给人积极、快乐的心理感受，进而激发消费者的购买欲望。

三、木版年画的地域特色

木版年画形象在各个地域有着各自鲜明的特点。例如，在选择代表同一主题的人物形象时，各个地区的地理文化、人文习俗、思想观念、美术表现等各种因素都会影响木版年画工匠的思想观念，进而产生富有地方特色的人物形象图案。在产品包装设计中，我们既要表现地理特色和人文习俗，也要反映出与该地区民俗文化特征与其他地区典型民俗文化特征的区别。我国传统木版年画具有多变的图形、丰富的颜色、生活百态的人物形象，美术表达方法多种多样，最常见的形式有比喻、对比、谐音、暗喻、双关等，而这些表达方式使木版年画的人物形象具有了象征意义，使人们在见到木版年画时会产生强烈的联想，体会到木版年画的寓意。木版年画中的常用素材具有相当多的象征和比喻意义，如寿桃和水仙代表幸福和吉兆等。木版年画中所有的艺术内涵与表现对象都源自对社会理想、对社会进步的祈盼和对信仰的向往，现代设计师往往需要将传统寓意与现代需求相结合，设计出满足现代人需要的新产品。

现代包装设计的概念起源于西方国家。随着社会主义市场经济的蓬勃发展以及人们生活水平和审美观念的日益提高，中国传统木版年画的设计理念和现代包装设计理念之间进行了融汇与碰撞，这为中国现代包装设计师们指明了产品设计的新路径，促使他们在现代包装设计领域中继续保持对产品设计理念的创新与突破，并由此孕育出具有木版年画艺术文化底蕴的中国现代包装设计理论。在人文自信与文明创新的大背景下，我国的包装设计师必须意识到，需要在传承中创新、在创新中发展，并进一步融入科学理论知识、现代技术以及新的艺术思潮，使现代设计更符合人类的审美需要。

第二节　传统文化元素在包装设计中的
应用——以竹叶青为例

本节以"竹叶青"形象为例，分析中国传统文化元素在包装设计中的应用。由陈幼坚先生所设计的竹叶青论道馆是中国国内首个完全以茶为主体的空间设计，园中有水，水边有竹林，竹下有石径，自然而悠闲。毫无喧哗的、无拘束的饮茶意境在这个竹叶青论道馆中得到了很好的展示。提到竹叶青，就不得不说一下竹叶青的文化。

一、竹叶青包装设计独特而深厚的人文含义

在中国，情感表达主张含蓄，设计艺术也是如此。在进行产品设计的时候往往会通过设计符号来突出图像，强调感官效果。所以在竹叶青传统文化的基础上，将传统韵味和西方简洁设计相结合的全新设计风格在竹叶青上得到了很好的体现。

竹叶青是四川名茶之一，主要产地是四川峨眉山。竹叶青形状略扁、两头尖细，形状很像竹叶，茶叶带有清香味道，泡出的茶汤色泽清明、口味鲜香。青竹在我国的传统文化中代表着君子，"图必有意，意必吉祥"。竹叶青的标志中，圆形寓意茶道中的茶杯，而"竹"字浮于茶壶中，代表茶叶在沸水中的悬浮状态，产生了自然灵气而又具有意义的艺术形态（见图7-2）。整体设计线条简洁流畅，干净利落，茶叶和茶杯的抽象图案叠加在一起，既体现出宁静典雅的古典之美，又极具现代设计的简洁之美。

竹叶青案例的成功引发了设计师的思索：中国当代产品设计怎样走出以往设计的空洞，变得更有灵性？尽管没有具体理论作为依据，但其强调中国传统设计哲学理念，很好地展现了中国传统设计思想。我国传统思想内涵究

竟如何应用在包装设计中，进而实现功能和审美价值的融合呢？这是一个值得思考的问题。

二、竹叶青系列包装的设计语言

竹叶青给我国传统设计符号赋予了新的意义。竹在中国传统文化中代表君子，这是我国古代人本主义思想中提出的概念，是人的精神追求和内在修养的象征。竹叶青的包装设计中大量使用了气韵生动、以骨法运笔的线条。和色彩比较，简洁的线条更为理性。我国几乎全部的传统美术都与中国书法相类似，有着书法的精神气韵。用线条、颜色、材料等把包装的生命特性表现出来，在设计师们看来是很富有生命力的。现代包装设计是在寻求人与自然的和谐发展基础上的有机共生，因此需要利用最现代的设计理论，综合多种学科方法，使包装设计与人的需要满足相结合。

1. 竹叶青系列包装基础元素

竹叶青图案中，六片大小不同的叶子相互穿插，通过颜色深浅、大小变化来达到视觉上的平衡。竹叶外面加了线圈，可理解为茶杯。为使包装更富有韵味与设计感，设计师将左侧留空，右下方叶片穿破了线圈，使标识与使用面的组合更加灵动。竹叶在线圈中的大小排列也非常讲究，从而形成面的感受。竹叶青图案营造的这种古朴的中国传统风能够激起消费者更浓厚的兴趣（见图 7–2）。

图 7–2 竹叶青图案

2. 色彩和形状对人心理的影响

对颜色的感觉主要是由人的心理和生理所决定的，竹叶青颜色和形状具有如下规律：第一，接近画面边沿的较小的竹叶给人能够均衡偏离画面边沿的感觉。第二，竹叶青形状面积越大，在视觉效果上就越显眼。如果要平衡一种较大的图案，则必须配上两三个较小的图案。第三，在竹叶青颜色的纯度上，纯度高的绿色比纯度低的绿色在视觉上更为美观。

3. 竹叶青系列包装的设计原则

我国古代宇宙观的内容之一是"虚实"，虚实关联的表达在我国艺术中非常重要，尤为突出的就是白与黑、虚实相生的观念。竹叶青包装中呈现出的那种明晰与含混、清澈与朦胧的关联，表现的就是实体和留白之间的关联。在竹叶青的包装设计中，元素的韵律感就是经过竹叶的色彩深浅、大小、疏密、虚实、主次等关联而产生的。例如，疏密关联既表现在画面总体的组合结构上，又表现在形态处理的细节上，这样就让整个竹叶青图案在视觉上形成了一种向前推进的感觉，密的地方给人一种收缩、集中的感觉，疏的地方给人一种放大、扩张的感觉。渐变是指通过竹叶高低、虚实、对比等关系不断变换，展现出变化的美感。

三、竹叶青包装材质

竹叶青包装在材料上选用原木、布等天然材质，突出茶的天然性、原生性。竹叶青包装设计注重批量投产的方便性，重视对环境的维护。包装设计不但给消费者挑选产品带来了方便，而且承担着文化传播等方面的重要责任。

竹叶青的产品包装设计被赋予了鲜明的中华民族特色，从竹叶青包装的特点分析来看，其包装设计具有民族特色，彰显绿色环保理念，体现了对民族、对大自然的敬畏。民族设计承载了民族情感，民族情感也深刻地影响了我国包装设计的现代发展路径。

第三节　环保低碳包装研究

减少资源使用、降低碳的排放是现代包装设计发展的方向，为此需遵循的原则如下。

一、轻量化设计

尽量少地使用包装材料，例如，瓦楞纸箱可以用单层涂布牛皮卡纸代替；玻璃可以用轻量玻璃瓶来代替；易碎材料如陶瓷，可以通过添加一些缓冲材料来延长它的使用年限；一些功能性的塑料材料可以通过改进加工工艺来实现低碳化、环保化。此外，还可以提高罐化率。易拉罐的优点是重量轻、体积小、回收方便。相较于塑料、玻璃，易拉罐回收成本更低，回收率高，碳排放比啤酒瓶低50%。在运输过程中，由于易拉罐比玻璃瓶重量轻，所以大大减少了运输的成本。因此，在国外一些比较成熟的市场，啤酒的罐化率是很高的。

二、减少过度包装

一些产品的包装使用比内容物还要贵的包装材料，或者包装的工艺成本远远高于内容物的成本，这种过度包装无疑会造成资源的浪费。为了避免过度包装，外部的包装在不影响销售的前提下应该进行适度简化。

三、绿色包装

包装设计应该从绿色环保理念出发，从内容物的保护角度出发，根据材料属性，避免使用污染环境的、不可以降解或降解周期长的材料。例如，含有磨砂成分的材料的残渣不易被分解，应避免使用；包装覆膜的回收也是一个很大的问题。

我们在生活中要减少非可降解的塑料的使用，减少白色污染的产生，尽量使用可以在有效的时间内可降解的材料包装。在这里举几个例子。

1. 生物降解塑料

生物降解塑料又称生物分解塑料，它被广泛应用于塑包层和原纸涂层的处理。生物降解塑料是由以淀粉等一些天然可再生的物质为基础生产的。和传统的聚乙烯塑覆膜相比，由于生物降解塑料的可降解性及可降低覆膜保护层的强度等，收缩温度可降低约30%，从而减少碳的排放，保护环境。因此，生物降解塑料属于十分环保的材料。

2. 环保水基型涂料

易拉罐采用环保水基型涂料，可有效降低有机溶剂含量和VOC（挥发性有机化合物）排放。

3. 环保油墨

一些包装的印刷，例如商标、易拉罐、纸箱等物品，可以采用环保油墨。伴随着一系列非芳香烃溶剂油墨（如醇、酯溶性油墨）、水性油墨、豆油基油墨的相继推出，油墨环保化的观念逐渐深入人心。

4. 环保材料的使用

在纸箱选择上使用 FSC（森林管理委员会）认证的原纸。FSC 认证利用市场机制促进森林可持续发展并实现生态、社会和经济目标的和谐发展。它用于确定木材加工厂的所有生产链，包括从木材运输、加工到流通的整个链条，以确保最终产品来自经认证、管理良好的森林。

在国外的一些超市，瓦楞纸箱逐步被淘汰，塑料周转筐的使用成为趋势。在一套完整的回筐系统支持下，每个周转筐的使用寿命可以达到 5 年，计算下来，可以大大减少纸箱包装的生产。

一些国家使用不锈钢啤酒桶的占比达到啤酒桶总量的 20%，这种方式大大提高了材料的循环使用率。

在这里我们看一个提高可回收材料的使用率的案例。青岛啤酒是山东省的一家很著名的企业，在包装上采用以下方法减少资源使用，降低碳排放量。

2014 年，青岛啤酒率先在中国啤酒厂商中使用了轻质化玻璃瓶技术（重容比在 0.6 以下），这一技术不仅减少了煤的使用，而且减少了碳的排放量。

易拉罐铝材减薄：易拉罐铝材厚度每减薄 0.01 毫米，每万吨啤酒就可以减少使用煤 130 吨左右，碳排放也随之减少 300 吨。

铝瓶减重：国产主流铝瓶采用铝锭挤压成型的方法，瓶身较重（45 克）。随着技术的提高，拉伸式铝瓶开始投入使用。其规格有皇冠盖口和旋口两种，使得瓶重得以降低。皇冠盖口的铝瓶使瓶重下降约 1/4，旋口的铝瓶使瓶重下降约 1/2。

纸箱减重：随着技术的进步、设备的改进，低克重、高强度材料的研发与应用成为包装设计行业的趋势。现今，在国内的啤酒行业，纸箱的重量已经在减轻。

中国包装业发展可谓既存在着机遇又面临着挑战。当前，许多污染环境的包装材料正在慢慢淡出我们的视线。随着低碳环保观念逐渐深入人心，绿色环保包装会随着社会的发展而成为未来包装行业的主流。

第四节 快消品包装设计策略应用研究

营销成果与消费者的接受程度是产品包装设计成功与否的检验标准，快消品包装设计尤其能反映这一点。快消品即快速消费品，泛指一些使用期限短、消费速度快的商品。快消品的包装设计往往紧随市场潮流，并随着人们的消费观念和日常生活需要而变化，在迎合消费者日常生活需要的同时给予消费者一种良好的感观体验，从而激发消费者的购买欲望。

把现代快消品的包装材料设计策略运用到老字号商品包装上，让老字号商品和消费者市场紧密衔接，能促使老字号商品改善商品包装老旧、缺乏吸引力的问题，增强老字号企业的竞争力。

一、差异化策略

在现代快消品包装设计中，差异化策略是指要从同类产品中寻找差异性，作为创意设计的重点。将与同类产品相对比表现出的优点当作商品特点，进而围绕这些优点进行包装设计，能够对目标消费人群产生直观、高效的吸引作用。比如，现在许多软饮料公司将"无糖""无咖啡因"等作为招揽潜在消费者的卖点，在包装设计上将上述特点以醒目的字体标示出来，以引起消费者的注意。

快消品的包装设计之所以具备促进消费者反复购买的可能性，就是在深度了解商品特点并进行市场调研分析之后，把产品的特点和消费者的需要点加以对接，尝试用不同的表达方法或利用艺术设计的手法加以强化，从而使其从同类产品中脱颖而出。

二、消费者需求

快消品包装是为用户服务、取悦用户的重要载体，因此必须直接反映用户的需求，精确捕捉用户的购买心理。设计师必须明白商品特性和消费者心理二者之间的结合点，进而影响、引导消费者心理。快消品包装设计的改进和革新要充分做到让消费者产生共情，唯有如此才能够瞄准消费人群，保证包装设计的有效性和适用性，为后续销售奠定良好的基础。

三、市场概念

包装设计主要是针对产品的商品特性、营销策划目标和市场状况而设定的。设计师需要对产品的营销方法和市场情况加以分析，并对市场的流通态势有深刻的认识，这样才可以了解目标消费者的实际需要。清晰的市场目标主要有两个方面：一是通过持续开辟新市场使产品包装不断地面对全新的消费者，使更多的消费者能够选择并购买该产品；二是增加消费者对品牌的忠诚度，让消费者即使在面对其他商品时依然坚持认同产品的市场价值和使用价值。

四、应用策略

1. 品牌化与品牌重塑策略

品牌价值在快消品营销中十分关键，它是传递商品信息的符号。快消品有特定的产品生命周期，因此必须定期评估与更换包装，以确保品牌价值在市场上的竞争力。当某个产品的销售成绩不佳时，生产厂家往往会运用品牌价值重建战略，来再次激发产品的生命力，重新唤起消费者的关注。

市面上那些包装已经进入"老龄化阶段"的老字号品牌，必须进行品牌化建设或品牌重建，以新形象来激发消费群体的购物欲。老字号的品牌化建设或重建要实现与时俱进，就需要在延续优良传统的基础上进一步地开拓创新，反映时代精神。设计师们应该针对当前市场上消费者的审美趋势、技术材料的变革等，有目的、有规划地进行产品形象调整，让消费者更加重视老字号的品牌价值。

2. 彰显传统文化策略

在现代社会，人们的生活越来越富裕，文化素质也在日益提高，社会大众的消费观、消费心态也发生了前所未有的变化，人们越来越重视商品价值与产品形象，因此现代包装设计实际上是一项人文社会活动，人们应该将其置于整个社会文明建设的发展进程之中，找到其价值定位与发展方向。在如今的文创风潮下，数量众多的快消品企业在进行包装设计时深度发掘企业文化，并力求把传统元素灵活、恰当地融合在现代包装设计中，以提高产品的人文价值。

老字号的核心价值是文化，老字号深厚的文化底蕴是留住消费者的重要资源。结合文创发展背景，老字号企业在进行产品包装设计时应不断探寻并发掘其丰富、鲜明的地方特色、人文历史，依托中国传统文化的深厚积淀，让老字号产品再次焕发出新的活力，从而赢得年轻消费者的喜爱。

随着社会主义市场经济的蓬勃发展以及人们生活水平的提高，消费者越来越重视商品的情感体验、文化意蕴等附加价值，"国潮风"的产生实际上正是现在的年轻一代爱国情感和文化自信的表现。以下以王致和的例子加以说明。中华老字号——王致和以物美价廉的商品历来受到广大消费者的信任与青睐。在新媒体发展的背景下，王致和根据当下的社会潮流，努力寻找和年轻一代消费者人交流的新渠道，努力打造既符合年轻人的口味又契合品牌本身精神文化内涵的产品。

3. 多渠道销售分众性策略

商品定位法主要侧重于对商品信息的定位，也就是告知消费者商品的卖点，让消费者快速清晰地知道商品的属性、用途、档次等信息。由于消费者在性别、年龄、职业、收入、文化程度等各个方面存在不同，在选择产品时的动机与需求也会有所差异，所以在包装产品设计中必须建立分众性策略。一般来说，在进行产品定位时，设计师都会针对目标受众人群的消费特点设计各个档次的产品包装，比如高端、中端、低端抑或者精品包装、简约包装等。例如，针对部分低收入群体或家庭，包装设计应尽可能经济实惠，降低经营成本；针对高收入人群，包装设计则可以更多地考虑材料的质地、外形的设计、包装材料的结构和工艺制作的精细度等。在市场竞争越来越激烈的情况下，老字号企业为了赢得更多种类的消费群体，需要按照目标受众合理划分产品档次。食品方面，年轻消费者更青睐小而精美、味道好而分量较小的精美化小包装。德州扒鸡使用小食品包装，在产品形象上大量使用了可爱的卡通形象，不断寻求鲜活感，既秉承着老字号百年传统的匠心品味，又与时俱进、追逐时尚风潮，让年轻一代一见倾心。

在电商平台日益成为快消品销售主渠道的今天，越来越多的快消品企业开始主动地与第三方电商服务平台进行合作，期待利用其丰富的大数据分析资源增强企业对消费者的认识和了解，进而开发出满足消费者个性化需要的商品。不少中华老字号企业也一改人们对其刻板保守的印象，开始涉足线上营销领域，借助电商网络平台增强其品牌影响力和覆盖面，使老字号商品焕发出了新的生命力。

4.包装故事性策略

包装也可以讲故事。在传播科技与媒体技术高度发达的今天，企业运用讲故事的营销策略，一方面可以传播老字号的文化理念，另一方面有话题、有情节的故事通常更能触动消费者，强化品牌在消费者心目中的地位。

把这一概念使用到老字号的产品包装设计中，其对应的关系如下：讲述者——中华老字号品牌；故事主旨——老字号所表达的主旨；受述者——老字体品牌的消费者；故事承托物——老字号商品的外观设计。

以五芳斋的"盛世五芳"产品包装设计为例，其采用表现中国古代社会日常生活的插图来介绍五芳斋的古老历史，以精致的立体印刷工艺来表达五芳斋产品设计的匠心，五芳斋的产品看上去不仅大气体面，还可以更高效地把企业事迹传达给广大消费者。

5.环保包装策略

随着环保理念日益深入人心，人们的生态与环保意识也在日益增强，人们反对过度包装，主张材料更加环保，这就要求产品的包装设计必须满足消费者的环保诉求。

老字号产品包装给人的印象往往是厚重的礼盒外观。在强调可持续发展的时代背景下，环保亦成为很多老字号企业越来越关注的问题，它们在包装上通过包装材料减量、原材料可回收等各种举措减少了废弃物产生，从而在消费者心目中树立起倡导和践行环保理念的形象。比如，用纸质或印刷的仿布材料取代布面材质，环保的同时也减小了礼盒包装的厚度。据调研，北京稻香村的礼品盒大多使用可回收纸箱或铁盒，更加绿色环保。一些老字号礼盒也使用了收纳箱的概念，在内容物被使用后，包装礼盒可以用作装饰品或文具的收纳箱，不但绿色环保，而且增加了礼盒的使用价值。

第五节　小磨香油品牌包装设计

小磨香油在瓶型选择上使用了七种规格不同的玻璃瓶，有大容量（500毫升）的方形瓶和圆形瓶、中等容量（260毫升）的方形瓶和圆形瓶、小容量（150

毫升）的方形瓶和圆形瓶以及 100 毫升的圆瓶，消费者可根据自身需要购买。用于保护的外包装材料大多是纸质材料，纸质材料可循环利用，更方便印刷。

小磨香油盒型包装分为高、中、低三款包装。中端包装结构上采用天地盖盒型包装，用于包装大容量的香油，内置内衬用于固定香油，使产品与包装更好地结合。中等容量的小磨香油则采用普通盒型、天地盖盒型和圆形直筒盒型，包装设计带给消费者更好的消费体验——便于携带、降低成本、绿色环保。

第六节　沟帮子熏鸡和德州扒鸡包装设计

沟帮子熏鸡创始于清光绪十五年（1889 年），创始人尹玉成偶遇了光绪的御厨，并从御厨的手上获得了一本皇室宫廷熏鸡的秘方，便以此机缘创建了熏鸡作坊，并取名"沟帮子熏鸡"。沟帮子熏鸡的制造流程比较复杂，必须经过十六道工序，所需要的原材料高达三十种，最后再加入四代老汤，才算烹饪完成。

一、沟帮子熏鸡包装袋及其变化

早期沟帮子熏鸡的包装袋颜色以大红色居多，表达出企业的激情、活力与意志力，也寓意着沟帮子熏鸡有着经久不衰的活力。这种大红色包装袋更受年纪稍长的群体的青睐，多被用作春节礼物。最近几年，沟帮子熏鸡的包装袋色彩开始逐渐变为蓝色和银白色，图案以青花瓷图案居多，整体上有着浓郁的中国文化特点，看上去简约大气。除此以外，沟帮子熏鸡还推出了迷你包装，色彩与文字基本布局不变，但在其上方增加了几个卡通人物形象，比如一位质朴憨厚的老爷爷、一位活泼可爱的小男孩儿或一位正要干农活的中年妇女，人物形象的穿着打扮大多为清光绪年间的样子，在包装袋的最上方有"光绪十五年己丑"的文字。从对包装袋上的色彩与图形的剖析中我们可以看出，将年轻人作为要拓展的新的目标群体是沟帮子熏鸡包装设计的方向，设计风格从而更趋于年轻化。企业在设计商品包装袋的时候，不仅顾及了年纪稍大的老人，而且也考虑到年轻人，而出现这种变化的最根本原因是企业针对其市场销售状况进行了营销策略的调整。

二、德州扒鸡与沟帮子熏鸡包装袋的设计对比

德州扒鸡和沟帮子熏鸡的包装设计有着较大的区别。德州扒鸡的包装设计融合了许多属于德州本土的文化元素，沟帮子熏鸡属于锦州北镇的土特产品，其在包装设计上并未更多地融合当地的地域文化元素，只是把青花瓷图样印了上去。接下来将从不同的角度对二者进行对比和分析。

1. 从字形角度分析

沟帮子熏鸡包装袋上"沟帮子"三个字采用的是华文隶书，"熏鸡"两个字则是文鼎简体颜体；德州扒鸡包装袋上的字体使用的是华文隶书与繁体字，其包装袋上方有个"鲁"字的字样，简单又直接地表明了产地。

2. 从图形角度分析

沟帮子熏鸡包装袋上的图形以青花瓷图案为主，颜色主要是青色，包装袋的中间是熏鸡的图形，非常直观地介绍了产品；德州扒鸡包袋上的图案是两位衣着古朴的老者挑着桶，含蓄地表达了制作工艺的精细。德州扒鸡的突出特征被印在了带有书卷气的图形上面，可以使人直观地体验到山东浓厚的历史文化氛围。除此以外，包装袋上还带有中华老字号的图案，更加突出了德州扒鸡制作技艺的悠久。

比较两家品牌的包装设计可以发现：沟帮子熏鸡的包装设计是把品牌名字和商品图案都非常直观地表现在包装袋上，侧面反映了东北人直爽的个性。而德州扒鸡的包装设计则加入了更多的地方文化元素，地域文化特色更加鲜明。从食品包装的材料角度考虑，沟帮子熏鸡包装采用纸质包装材料；德州扒鸡的包装采用的是礼盒包装设计，更富有人文气质，也更显大气。从这一方面考虑，沟帮子熏鸡的包装稍显简单。

经过对沟帮子熏鸡和德州扒鸡两个土特产品的包装袋的比较与分析后发现，二者都未能良好地突显地方文化特色，原因主要是：

第一，传播渠道单一。沟帮子熏鸡和德州扒鸡两种品牌所用的商品包装设计虽然对当地文化有所推广，尤其是德州扒鸡的商品包装袋，整体色彩、字体以及包装袋右上方的"鲁"字字样，把山东文化突出出来，既含蓄又直白，为推广齐鲁山东的历史文化做出了尝试，但这种宣传力度具有一定的限制性，传播渠道比较单一，对地方文化的宣传力度不大。

第二，文化认同感缺乏。地方民族文化具有一定的地域性，一个地区的

自然资源、人文习俗、特殊节庆活动等不但能体现一个地方独特的自然景观，还能反映这个地方的人文精神风貌。一般情况下，我们所说的文化认同感实质上是传统民族文化精神的归属感，对比沟帮子熏鸡和德州扒鸡这两种商品包装袋不难看出，德州扒鸡包装袋对于山东文化的认同性较强，而沟帮子熏鸡包装袋的图案则以青花瓷图案居多，体现不出对北镇文化的认同感，尽管从外观上看起来更漂亮和精美，但是对北镇文化的宣传意义却不大。

第七节　普洱茶包装设计

普洱茶作为云南省的特产，历史悠久，文化内涵深厚，普洱茶的包装发展大致分成 5 个阶段。

一、"号字茶"时期的普洱茶设计

"号字茶"时期主要指 20 世纪 50 年代以前，"号字茶"的名字来自当时的茶叶生产商，其中生产者大多是私营作坊和茶庄。在"号字茶"时代，普洱茶多按茶品、销路的不同来进行包装，比如边销茶多采用砖茶条形包装，紧压茶多采用圆茶筒形包装。

二、"印字茶"时期的普洱茶设计

"印字茶"时期主要指 1930 年以后至 20 世纪 60 年代前，这一时期生普洱茶的包装上一般有绿印或红印，所以被叫作"印字茶"。在这一时期，普洱茶包装的设计、印制都开始加入少量的文化色彩。印刷技术上采用较小型的平压印刷机，而材料上除采用传统手工制绵纸之外，还使用了机械抄纸。

三、"七字茶"时期的普洱茶设计

"七字茶"时期主要指 1960—1970 年这一时期。这一时期设计风格杂乱，商标不清晰，印刷技术较差。在砖茶的外包装上印有傣文，图案方面则印有工厂、卡车以及一芽二叶的平面设计图，设计比较呆板。

四、"改革茶"时期的普洱茶设计

"改革茶"时期主要指 20 世纪 80 年代到 90 年代，这一时期普洱茶的包装材料既包括手工土制的绵帛纸，又有现代的包装材料，比如硬纸箱、塑料袋等，在包装工艺上压凸印刷和浮雕印刷已开始出现。俗称"小黑盒"的盒装普洱茶在包装设计中将战国时期的龙纹元素运用其中，在当时十分具有代表性。

五、"现代茶"时期的普洱茶设计

"现代茶"时期主要指 20 世纪 90 年代到现在。这一时期的普洱茶包装绚丽多彩，包装工艺采用了高彩印刷等，图案设计新颖，品种繁多，包装材料越来越高端，整体设计体现出时代发展的新特色。

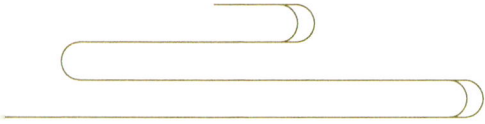

下 篇

第八章

现代包装设计中地域文化元素的运用

第一节　包装设计中地域文化的内涵

包装设计是一个把文化、科技、美术、心理等多种要素综合起来的过程，它以产品的保存、利用、营销为目的，以产品设计为语言，以传递商品信息为主要功能。包装设计不仅使商品的使用价值与价值融合，同时伴随着经济、社会的发展，包装的功能也由单一的保护商品向更多方面发展。一个较好的包装设计作品不但可以与地方文化、传统风格等相融合，还可以有效传达企业文化，满足消费者的情感需求。

"地域文化"是指由地理特征所显示出的一种文化总体特征，包括因一定的历史地域条件和自然人文环境因素而产生的文化特征。区域文化的产生往往需要经过一个持续变革与发展的过程，同时又在特定时间有着相对的社会稳定性。

在包装设计中，地域文化元素指的是带有一定地域代表性的图案、颜色、文字等。在包装设计中，如果能恰当形象地加入地域文化元素，不但能使商品的整体形象与品牌个性更加鲜明，还可以使消费者感受到该产品的地域文化底蕴，从而留下良好印象。

设计师们在包装设计上不断地探索蕴含具有地域文化特征的视觉元素，一方面可以增强商品的人文特性和产品感染力，另一方面可以突出产地优势，强化产品的优良品质。纵观国内外，很多杰出的设计师都对地域文化开展了广泛的研究与实践，例如国外的冈特·兰堡、福田繁雄、切瓦斯特、田中一光、原研哉等，国内的陈幼坚等，都设计出了优秀的产品。从他们所创造的作品中都可以发现区域人文元素的完美融入。

一、"酒鬼酒"包装

在包装设计中引入地域文化元素的成功例子有很多，其中，"酒鬼酒"包装设计（见图8-1）可谓典型，这个包装设计出自美术大家黄永玉先生之手。"酒鬼酒"的陶瓶设计创意独具匠心，其造型采用了麻绳编成的一个袋子的型制，颇具朴实之美。包装中央贴上黄永玉先生亲笔题字的"酒鬼"标签，使包装整体的文化内涵得到了升华，将民族文化和情感融入其中。

图8-1 "酒鬼酒"包装

二、"玉堂酱园"系列包装

"玉堂酱园"始创于1714年，是鲁西南地区的一家中华老字号企业。"玉堂酱园"是我国酱菜调味品四大名牌之一，具有特殊的经济意义与人文价值。"玉堂酱园"的包装设计从济宁传统地域文化、酱菜文化历史文明传承入手，把传统文化、地方特点与玉堂酱园产品紧密联系，颜色、图形、材料均突出了当地人文元素。

玉堂酱园包装设计的色彩选择反映了济宁市的历史和地域特色：主色系黄褐色不仅代表了儒家文化的思想，而且寓意五谷丰登，其中又穿插着代表中华民族的传统色红色。

在图像的选取上，设计师使用具有济宁地方特点的装饰图形元素，以丰富产品设计的艺术表现力。包装设计采取简约的装饰风格，主要材料为麻绳、陶罐、牛皮纸，还选取了地方特色材料，如亚麻布、珊瑚草窗帘等。

第二节　包装设计中视觉元素的地域性

一、地域化的色彩元素

由于受到区域文化的影响，不同地域的商品包装在主色调上出现较大差别，形成了各自的特色。颜色的对比协调可以烘托氛围，增强产品的视觉冲击力，促进产品销售。带有地域化风格的颜色恰当地融合在包装设计中，能更加鲜明地展示地方特色。

颜色是产品的主要属性之一，不同类型的产品颜色属性也各不相同。另外，来自不同地域的人们对同一种颜色也会形成不同的习惯性联想，由此便会产生差异化的情感。所以，包装设计想要赢得消费者的关注，占领市场，对地方民俗文化中的色彩审美取向也应该有所了解。

色彩能直接影响人的情感以及对产品的辨别能力。例如，剑南春酒包装中红色的使用（见图8-2）和水井坊酒包装中金黄色的使用（见图8-3），不仅可以很好地体现商品的属性，提升产品的档次，还可以更有效地增强产品的辨识度和独特性。

图8-2　剑南春酒包装

图8-3 水井坊酒包装

二、地域化的图像元素

图像作为商品包装产品设计的基本要素，具有强烈的视觉感染力和直截了当的传达效应，这在现代产品包装设计中起着至关重要的作用。图像具有两大特征——语义度较高、情感诉求度较高和直接将产品所包含的信息传递给社会大众。地域化的图像元素则指的是在地方文化中具体事物所概括出的图像，包括动植物、建筑材料、民间工艺技术等。富有地方人文特点的图像是表现社会情感的艺术视觉化形式，艺术表达性很强。地域化图像元素的使用方法大致包括两种：直接将地域化图像元素使用在商品包装产品设计中，以及将区域图像加以抽象化概括后再加以运用。这两个方法有时也可以组合使用。地域化图像元素的图案合理地使用在商品包装设计当中，能够帮助消费者更加快捷地辨识出产品特征，从而理解产品中所蕴含的文化概念。

三、地域化的文字元素

在产品包装设计中，文本已超出了"说明"的作用，还成为商品与消费者之间情感交流的重要纽带。文字的语言特性必须和商品的文化特性相对应，从而更明确地传达信息。在日本的某些商品上，出色的文字设计者将汉字运用在商品包装设计中，设计出了一系列富有地方文化特征的商品包装。文字也因为其形成的时期、地区差异而风格迥异。比如我国的"方块字"，英国人的"米字格"等，各具特色的文字能够适用于不同种类的产品包装。

第九章

地域文化视觉元素融合下的包装设计

第一节　地域文化视觉元素融合的应用

在对地域文化的利用上，不少中华老字号企业的产品包装设计都下足了功夫，例如北京的稻香村、天津的桂发祥、广东的陶陶居等，都有了较为成功的实践。设计师很清晰地意识到，包装设计的未来发展方向是传统文化底蕴和现代艺术表现方式相互融合。

对不同产品包装设计所蕴涵的地域文化进行思考，有利于为地域文化与现代包装设计找更良好的整合视角与方式。

一、稻香村

老字号稻香村，最初在北京市的前门观音寺附近营业，历史悠久，可以说老北京传统风味十足。稻香村中最具特点的京八件在包装设计上采用了富有北京特色的传统方式，以纸包裹并将商品的包裹形状设计成正方形，打包方式是先在外面敷上一层油纸，最后再用麻绳在包装盒外打两个绳结。

后来稻香村对食品包装盒进行了改良，但是传统的老北京元素基本没有变化，比如在食品包装设计中加入老北京大碗茶、冰糖葫芦的图案，并把天坛、天安门的图案以剪纸的样式加入包装设计中，这些图案体现了稻香村在糕点制造工艺上继承了中华优良传统文化以及地方的特色，同时在食品包装上打造了地方文化的品牌理念。稻香村借助当地人文元素，为产品包装带来特有的辨识度，使消费者能够一目了然地记住产品，从而增加了品牌认知价值，在扩大产业品牌影响力的同时，也对产品所在地的地域文化加以弘扬，引发人们对老北京文化的兴趣。

二、东阿阿胶

东阿阿胶是山东东阿最知名的养生滋补商品，在很大程度上代表着东阿的区域形象。与区域传统文化视觉元素的融合是增强其品牌价值与核心竞争力的有效手段，是进行商品包装设计的关键理念。阿胶已经成为广受欢迎的养生滋补商品，拥有大批消费者，在国外也具有很高的知名度。我们只有把当地文化视觉元素很好地融入阿胶包装，才能提高商品的辨识度，增强其在消费者心目中的认可度。

远销海外的阿胶产品，其包装设计更是进行了更细致的调整，在保持产品自身地域性特征的同时也增加了销售市场的部分特点，让海外消费者从情感上更容易接受该产品。以远销至日本的东阿阿胶桃花姬产品包装为例，这款包装虽然在设计上比较简约，但色彩上采用了同类色并且色调比较鲜明，很符合当代日本人的审美；在企业标识上，用中国印章的样式把"汉"这个字做了一个变化，把字体变成方块字体，表现了中国人刚正不阿的个性，是对中华民族精神的传承。

东阿阿胶公司于 2013 年进行了一系列商品的外观产品设计，该产品设计由中国香港设计师陈幼坚先生的个人工作室主导进行。这一系列的产品包装较以往的产品设计增加了很多地方人文视觉元素，主体标识"东阿阿胶"四个字做了重新设计，字体参照篆体进行设计，凸显东阿阿胶对历史文化的传承。新款阿胶膏将包装盒设计成六边形的井口形状，凸显阿胶的地方人文特色。

在产品包装设计过程中，通过对当地文化以及视觉元素的深入研究与整合，使更多的中国人以及全世界的人们认识产品独特的人文意蕴和价值，能够使地方人文特点更加突显，提高产品的辨识度，同时也是对企业文化和品牌形象的更好弘扬。

三、鸿翔一心堂

随着人们的生活品质的不断提高，人们越来越重视健康养生，健康养生的保健品消费不断增加。与此同时，消费者的消费层次与要求也开始变化，人类在选择商品时越来越关心商品包装设计能否符合自身的审美。

中国的保健药品类型虽然众多，但是包装设计却大同小异，缺乏鲜明的特色和文化底蕴作为支撑，存在一味地追求高档奢华，采用高价值的原料，变相地提高价格的现象，商品难以传达企业文化和地域文化的风貌。一些商品包装设计的视觉元素甚至根本不能适应商品特点，包装设计中所包含的地域性文化思考不足，导致一些产品的包装既丧失了传统文化底蕴，也无法产生时尚的潮流感。

鸿翔一心堂作为云南省老牌中医药零售行业，发布的全新包装设计把中国地方民俗文化的特点诠释得相当充分。在整个产品设计过程中，设计师们首先完成了对云南省地方民俗文化的搜集和筛选工作，找到了天然生态、人文民俗、传统草药膏方、民俗手工等文化符号，这些文化符号为企业提供了很好的宣传素材，从而为接下来的包装设计提供了支撑。

鸿翔一心堂的产品包装中主体品牌字符采用了具有本地民族特色的文化字符——东巴文。东巴文是中国云南省纳西族人的文字，具备独特的文化价值与审美价值。在此基础上加入了中医学的五行概念，二者融合，绘制成具有中国民族特色的装饰图形。

在对地域文化的传播和利用过程中，做得比较到位的国家有日本和韩国，它们在产品包装的设计中多使用自己国家的民族特色元素，因此在国际上得到了高度的赞赏，并成为世界各地竞相效仿的样板。日本设计界中比较知名的设计师有原研哉、佐藤卓、佐藤雅彦等。袁艺在《地域文化对现代包装设计的影响》中具体地介绍了日本现代包装艺术对日本本土文化的运用，主要表现在多元文化下的"旧本味"、包装材料简约而不单一等。

第二节　包装设计的地域性特征——以阿胶为例

包装设计是围绕生活、经营、审美领域来开展的社会活动。从其用途与实践出发，包装主要有以下四个方面的作用：保障商品安全、方便商品运送、提高商品品质和提高商品销量。在包装设计概念诞生之前，用毛皮缝制的布袋、天然结出的葫芦、捡到的贝壳以及用草、藤等编制的容器、用泥土制作而成的器皿等，都是包装物，这些早期的包装材料和包装方式，为研究地域文化对包装设计的影响和发展提供了佐证。

一、地域文化视角下的包装设计

包装的用途是保障商品不受伤害，并且易于保管，有利于商品销售。从产品设计学上可对这三个用途分别进行设计：保障商品不受伤害，需要在产品设计时充分考虑所用的材料；易于保管，需要设计师在设计时充分考虑产品设计的形式，以便于搬运或者储藏；有利于商品销售，需要设计师做好外形总体视觉设计。随着社会经济的不断发展，人们对商品外观提出了更高的要求。拥有地域特征的包装设计成为本地区与外部世界联系的窗口，向世界各地人们介绍本地的风俗习惯、地方特产等，使人们对产品产生信赖感和购买欲。

将地域文化融入包装设计的手段大体可归为三种：

第一，提炼当地文化的图案、纹样、符号，根据商品本身特征设计产品包装，表达地方民俗文化内容。

第二，地方色彩与商品属性融合，对文字进行艺术加工，注意材料的地域性特点。

第三，将民间习俗、神话故事、民俗音乐曲艺等地方民俗元素与产品包装完美结合。

二、东阿阿胶与福牌阿胶包装设计比较研究

阿胶是传承近千年的国宝级养身滋补良药，以驴皮为最重要的熬制材料，和人参、鹿茸并称"滋补三宝"。阿胶在《神农本草经》中就被描述为上乘滋补药品，在"药圣"李时珍所著的《本草纲目》中也称其为补血圣品。陶

弘景的《名医别录》中记载："出东阿，故曰阿胶。"由此可知，阿胶以产地得名。

山东的风土地貌有着"一山一水一圣人"的美誉，而在中国山东省聊城市的东南方也有一个因山圣而出名的东阿小镇。坐落于东阿镇西南面三里许的狮耳山可谓东阿镇"一山"。山上花草繁茂，育有几百种名贵的中药材，而此山又是放养驴群的重要地方，驴以山中药材为食，致使身躯结实、肉肥美且毛色鲜亮，皮质含有多种营养，因此特别适于熬制阿胶。而这"一水"则是指本地区的"东阿水"，此水源地来自狼溪河，硬度小，属于弱碱性水质。东阿地下水分别源于太行山和泰山这两个水系，主要集中在两大山脉的地下水潜流处，在地下几百至几千米流动，基本不受地面表层物质的污染。据山东地质局勘查，水中还含有铁、镁、钙等微量元素，含量超过了一般水体的数倍甚至数十倍。用东阿水泡制过的驴皮，在熬胶时能够降低对原料的二次污染，并且保留时间更长。以东阿水熬制，驴皮能够快速水解为更容易被人消化吸收的小分子蛋白质。东阿镇素有"祈福祈寿求平安，请到东阿药王山"之说。东阿药王山是一座汇集医学历史文化传统与地方历史文化精华的建筑。东阿县古时被称为"铜城"，千百年来都因阿胶的生产而闻名于世，东阿阿胶一直被当作滋补国宝贡品而传承了下来。

1.阿胶品牌包装设计现状

阿胶在近年来已变成了人所共知的补血养气珍品，产品销售区域也由中国逐渐进入海外，并由中低端产品的定位逐渐向高端产品转变。在保健品迅速兴起的今天，阿胶滋补保健的地位并没有被撼动过，当生产企业意识到文化策略对行业发展壮大的重要意义之后，开始重视对阿胶地域文化的弘扬。在各方面的共同努力下，现在的阿胶企业已经不仅是做好生产，更为重视的是做好文化宣传，以文化带动信誉，促使消费群体的逐步壮大，产业规模也实现了迅速扩张。但是，在发展过程中，其包装设计方面仍存在以下三个问题。

（1）品牌规范缺失导致视觉混乱

阿胶产业的高速发展使得部分老牌中药生产商开始积极寻求新的资源，现今全国性的阿胶生产商以及有资格生产阿胶产品和阿胶制剂的企业已经增加到百余家，但行业缺乏统一的规范，使得同类产品的质量差距很大，包装外观更是千差万别，颜色、字体、形状等都缺乏一定的规范。市场中模仿他人包装物、商标等乃至贩假售假的情况一直屡禁不止。

阿胶已经成为东阿镇的标识，这也导致东阿镇的不少厂家竞相生产、贩卖，最终市场上鱼龙混杂、真假难辨。现在市场上的阿胶品牌，产品名称杂乱，而且部分产品以传统手工作坊为基础，产品质量达不到标准。部分阿胶企业由于没有自己的品牌标志，在产品包装设计中把企业自身的名称和东阿阿胶的名字混淆使用，甚至偷换概念，把自身的商标包装为知名企业的品牌，使用户难以辨别品牌真伪，影响了整个阿胶产业的声誉。

（2）创新意识不足导致视觉形象老化

在对现在市场上阿胶商品包装设计做了研究后我们发现，大部分包装设计都没有新意，视觉形态缺乏突破与创新。在外包装形式上多使用单一的正方体箱子，还在沿用从旧时就使用的运输包裹形式，在色彩上多采用大面积的鲜红色、黄色，使消费者感觉包装设计陈旧老套。在外部设计上图形多使用云纹龙纹，显得老套呆板，无法抓住消费者的眼球。而不同品牌之间的包装设计也趋于雷同，不知名品牌往往直接抄袭东阿阿胶或福胶的包装形式，既缺乏产品创新点，也没有企业文化底蕴，使消费者在购物时不仅产生了视觉上的疲惫，而且真假莫辨，降低了对阿胶品质的信任。

（3）文化理念缺失导致视觉形象弱化

在现今中国阿胶市场上，虽然品牌比较多，包装形式也都各具特色，但并没做好地域性文化的融入，不少包装在文字的编排与设计上单纯敷衍，以各种未加修改的电脑字体版的"东阿阿胶"或"阿胶"等文字当作标示字体。在包装图案上往往运用常见素材和纹样，如云纹、龙纹、青花、梅花、牡丹、荷叶等。这种没有特点的包装直接造成了商场上的同类产品视觉形象雷同，商标辨识度低。不融入企业文化和本土文化底蕴，就无法增加产品包装的附加值，不利于品牌形象的传播。

在如今规模比较大的阿胶企业中，东阿阿胶属于龙头企业，占据全国阿胶市场总销量额的70%。东阿阿胶的商品包装形象以商品为基本单元进行设计，其整体产品包装形象富有规模性、整体性和层次感。同时在它的产品包装中企业的标识很醒目也很简洁，不给人杂乱的观感。东阿阿胶的产品包装设计融合了浓郁的东阿地方特点与产业特征，以企业特有的地方人文特色为表现要素，用艺术创作方法将其提炼为富于个性的商品形象，借助商品形象和品牌价值把企业产品文化传递开来，从而让消费者更加信任企业品牌文化，让产品包装设计更加富有历史沉淀与人文深度。

这里举一个反面例子：某知名药企的阿胶包装使用了大片的黄色和红色，图案采用了龙纹。文字设计方面，只是单纯地把文字放在包装表面，缺乏艺术变化，文化底蕴的融入也不够。整个包装虽然展现了一种皇家气派，但是没有突出企业形象和地方人文价值。

2. 东阿阿胶与福牌阿胶包装设计对比

东阿阿胶的蓬勃发展离不开其对本土文化元素的提取和发挥，把传统地方元素和人文内涵融入现代商品的包装产品设计中，让其特有的地方文化底蕴在包装设计中得到再生、继承和进一步发挥。东阿阿胶于 2013 年进行了一系列商品的包装产品设计，该产品设计由中国香港设计师陈幼坚先生的个人工作室主持进行。从此次的产品设计中能够很清晰地看到，东阿阿胶的包装设计就是想通过对阿胶文化的深层理解，提取其中最能体现地方文化特色和中医药文化深厚博大的精髓，并加以再创造。而东阿泉水既是孕育一方生灵的水源，又是阿胶生产的重要物料，于是阿胶井和东阿泉水也成为包装设计中的重要元素。

福牌阿胶（以下简称"福胶"）的名字由清代咸丰皇帝所赐。清代时有一邓氏制胶坊细心研究，集各家所长，形成了有自身特色的全套制胶工艺。其制作出的阿胶呈献给咸丰皇帝食用，因功效奇绝，咸丰皇帝赏赐了邓氏朝服马褂、手折子及其御笔所书"福"字，也就是现在的"福"字商标。福胶如今是继东阿阿胶之后的第二大阿胶生产销售商。与东阿阿胶相比，福胶在品牌定位、宣传以及外包装上都尚有进一步优化和完善的地方。

（1）色彩的地域性对比

东阿阿胶的发展思路是做出企业的深度、做出文化底蕴，打造阿胶高端品牌形象，实现市场国际化。在这一主导思想的引领下，东阿阿胶更加注重对企业形象的宣传。企业对于包装设计，明确规定了各个元素的呈现方式以及使用规范，颜色规范中清楚地标明了标准色系与辅助色系的配色规范以及色域值。陈幼坚先生沿用了阿胶集团所规定的标准色系来进行设计，将包装视觉色彩定位为黑色与红色，黑色采用了黑驴皮的成色。黑驴皮是制作阿胶的主要原料，黑色取自产品本身之色，让人们能够清晰地通过外包装了解到东阿阿胶的历史与传承。产品包装的另一个主要颜色是阿胶红，阿胶红也是品牌标志颜色，是整个品牌体系中最关键的色彩。红色在生活中可以被看作血液的颜色，是生命力的象征，而阿胶的主要功效就是补血补气、滋阴养血。黑色庄重沉稳，红色青春有活力，融合在一个包装上能让人们更好地理解阿胶的成分与效用，给人一种心理上的安全感和稳重感。

相比于东阿阿胶的色彩系统，福胶对企业标准色的设定显然重视不够。虽然福胶的广告宣传和包装设计中多用红色，但没有制定用色规范，致使色彩使用误差较大，暗红、鲜红、粉红都有使用，色彩搭配显得凌乱。福胶集团在阿胶包装的设计上其实是下过功夫的，就拿一款阿胶片产品来说，该设计至少有两种样式的包装，但这两种包装的标准色不同，阿胶片铁盒包装使用的色相为大红色，而阿胶片纸盒包装则使用了深红色，给人的感觉混乱，如果不是都有福胶的标志，会让人认为两款产品并不是一个厂家生产的。

黄色纸盒包装是福胶最为得意的设计作品，在1856年便出现了该形式的包装设计，整体以黄为主要颜色。黄色也被叫作正色，是象征中央、中和、土（地）、帝王的颜色，象征公正、光明、尊贵。福胶使用黄色便是为了显示福胶作为皇家贡胶的荣耀。整体包装设计中使用了两种不同饱和度的黄色，以浅金黄色作为大面积的显示色，以橘黄作为包边色，像皇家御赐的金牌样式，表示福胶的历史地位（见图9-1）。

（2）地域化的图形元素对比

图形的产生可以追溯到原始社会，在文字还没有产生时，人们只能用图形来记录信息，因此可以看出图形是比文字更为久远的表意符号。图形是一种"图画"和"形象"，是平面设计、广告创意等视觉传达设计的重要元素和形式语言，在传达特定信息的过程中更为直接和快速，表现形式更加丰富和自由。而图形创意则是运用创新思维将点、线、面、肌理等造型元素，经过一定

图9-1　福胶黄色纸盒包装

的设计构成手法和形式法则的排列，创造出符合产品特性的视觉图形。

地域之间的差异所造成的独特文化往往会成为设计师艺术化创作中的重要灵感。设计师将这种差异转化为个性鲜明的图形和艺术符号，以此创作出的视觉符号有历史文化深厚、表现形式多样、创作题材广泛的特点，并且包含着深厚的情感。包装设计中的图形具有引导和解释的作用，是当地文化的有力表征。我们的民族产业要加强对地域文化图形的搜集与利用，让文化底蕴滋养出更加丰富多彩的设计。在东阿阿胶的包装设计中就能看出设计师对于地域文化的坚守与创新。

东阿阿胶包装中，主图形是以阿胶井为原型的图案。阿胶制作中东阿水是关键要素之一，而东阿水的取水之处就是古阿井。古阿井是现在东阿县的标志，更是阿胶产品的生命象征。郦道元的《水经注》中记载，县内有一口大井，井的深度可达七丈，寒冬时常用以熬胶来做进贡之用。因此可看出阿井水对于东阿阿胶的重要。通过东阿阿胶包装（见图9-2）可以看出，设计师选用了阿胶井纹图形样式，对图案进行了变形与重组，使得图形样式能够更好地与盒体和主题融合。图形以等边六角形围合成井口的外部轮廓，再将井内部的圆形井口镶嵌其中，然后进行重复排布，并且将纹理做成凹凸状，使盒子看上去更有质感。井纹图形不只使用在包装外部，更运用在内部防伪标识上。井纹形也会配合其他颜色运用在不同类别的产品中，使之成为企业最为显眼的标识符号。在东阿阿胶的核心产品中，井纹图形还会根据产品属性的不同做出同构异质的设计改变。

图9-2　东阿阿胶包装

东阿阿胶对于这一地域视觉元素的理解与运用并不仅限于产品包装，而是将其运用于企业形象传播的各个方面。在东阿县阿胶街的阿胶集团产业园中，设计师便将这种元素融入建筑与室内装饰的各个角落，由此可看出阿胶集团对这一地域视觉元素的重视与传承。

东阿阿胶的辅助图形共分为两种，一种是上面我们已经介绍的以古阿井为主题的井纹设计，另一种是"文化符号"。文化符号也可以说是地地道道的地域文化的全面展示，主要以本地域的特色自然景观为主题，有"葫芦"、"古阿井碑"、"古阿井"、"桃花"、"洛神桥"、"祥云"以及"水流"等样式。这些样式在东阿或者聊城都是最具盛名的自然景观。葫芦是山东聊城东昌府区最具特色的工艺品，每年都会吸引全国各地的葫芦爱好者聚于此地看展购买。桃花也是常见且繁盛的植物，东阿阿胶的另一注册商标"桃花姬"便沿用此图形。洛神桥现在位于东阿县药王山脚下，洛神湖周边风景如画。文化符号的形态也设计了两种，分别为垂直排列和框形排列。

在其他产品的包装形式中我们还能够看到另一种地域图形的提取。在阿胶的一个礼品盒包装中可以看到一个有趣的塑封，在这个塑封之上描绘着古时人们熬制阿胶的工艺流程。简单的线条将这一工艺绘制得惟妙惟肖、生动形象。这样的图形抽取后放在礼品盒的外部包装上可以说是点睛之笔，让消费者在购买过程中就能理解到这一滋补国宝的制作之不易、熬制之专业，更彰显了产品的历史积淀和地道品质。

包装中的主体图形是对地域文化设计元素的传承和延续，也是对企业文化的解读。加强产品内在设计元素的提取是对产品的完美诠释，也是对当地文化的继承和发扬。而福胶在图形的表现形式上相较于东阿阿胶就显得生硬许多，虽然设计中也做到了将地域文化元素与包装设计进行融合，但是其融入手法不够生动，缺少艺术化的表现形式。在福胶阿胶片铁盒包装设计（见图9-3）中，福胶更加注重自己的产品对于"福"这一御赐字体的诠释：在铁盒包装设计中图形选用了铜钱的变形样式，表现手法上使用了连续重复，并在其中融入"福"字样式；对于"阿胶片"这三个字的装饰，选择了祥云的变形花边。可以说福牌阿胶的包装设计在图形的选择上符合了其企业主题的"福"字文化，但是福胶忽略了其所主打的企业形象是"正宗"和"地道"，这种将"福"字文化融入其中而较少考虑地域文化的设计，显然对产品特性与企业形象的诠释存在不足。

图 9-3　福胶阿胶片铁盒包装

纸盒包装的产品在图形上选择了与地域有关的设计元素，但是不够巧妙的融合手法还是让消费者难以真正地理解其主题含义。在这款包装设计中，设计师只是生硬地将东阿井的相关照片放到包装设计中，没有做任何的艺术设计改变，这不得不说是设计上的一大败笔，并且在包装中使用了两种不同的图形来装饰外观，这就使得整个包装设计没有重点，缺失内涵。而在同品牌下的其他产品包装中图形的选择更加随意，让消费者完全找不到主要的识别对象，如果想通过图形来寻找此品牌的产品，显得很不方便。

图形在包装中不只用来传递商品信息给消费者，更多的是承担向大众描述企业的形象与地位的作用，只有让消费者能够在众多商品中最快地看到品牌形象并产生信赖感，才能更好地营造销售氛围。在包装中没有自己独特的、识别度高的图形是企业包装设计中视觉形象的一大忌讳，这样只会让消费者无法很好地认识品牌，认识整个企业。

（3）文字元素随地域文化的变形设计对比

文字产生于图形之后，但其所承载的信息却是最准确、最清晰的。文字在设计中更是视觉的中心点，能够直接表达设计的主要意图，能够直接地描述产品的属性以及价值，是极为重要的设计元素。

东阿阿胶在文字识别上保留传统，运用了书法字体，展示了对于中华传统文化的继承和弘扬。书法字体在设计中的运用极为普遍，它是中华传统文化传承千年的见证者，运用在设计中可以深刻地反映产品的文化内涵。书法字体因丰富多样的书写形态在包装中可以作为图形进行使用，本身就具有极其丰富的视觉张力。对于字体设计，作为主要标识的"东阿阿胶"四个字是被着重设计的，形状似印章及玉玺，"印""玺"在古代社会中代表的是权力与尊贵，更是一种诚信与担当的体现，用这种形式表现主要标识，突出了阿胶传承千年的历史和其"进贡皇家"的尊崇地位。

主要标识中"东阿阿胶"四个大字的设计，是在传统篆体的基础上进行变形，以突出产品的人文历史性。字体的描线修饰得非常圆润流畅，形似水的流淌，体现阿井水是阿胶得以延续的命脉所在。字尾的变形设计模仿小毛驴的脚部形态线条，代表了"驴皮资源"，字体传统又富有设计感，在一定程度上赋予了品牌更大的活力和更为丰富的生命力。线条之间没有间隙，代表着其销售市场贯通上下、南北通达的理念。以"DEEJ"的拼音缩写名称作为副标志，既增加了整体包装的现代感与时尚感，也向人们传达出东阿集团面向国际化以及面向更为年轻的健康保养品市场的目标。

字体在包装设计中的表现方式取决于产品的属性以及包装设计的整体设计风格，但是更重要的是要体现出企业产品的文化内涵。设计要在理解企业理念与地域独特文化的基础上，依据完整的设计形式与风格，加入更加现代化的表现手法与元素对字体进行创新规范性设计，从而做到字体在设计中的呈现样式高度符合产品特性、企业形象与文化追求的目标。在对产品进行包装设计时，文字作为传播信息的主要载体，既可以被当作图形进行装饰美化，也可以依其自然属性加以呈现，但是在任何的设计中文字都不能以未做艺术加工的形式出现，应加入对所要表现的产品属性特点的解读，然后在所选文字的构成结构上进行解构与重组，使所设计的字体结构形式符合产品外化的属性特征；在此基础上应保证字体的识别度，如果单纯地为了表现艺术性却失去了人们对它的认知，就失去了文字作为信息传播途径的作用。

在标准字体的选取上福胶做得很不完善，除了主标志"福"字以外没有再设计其他的任何专用字体，品牌、包装以及对外宣传的广告标识上所使用的字体、字号、字形和排列都较为随意，没有严格的设定，达不到视觉感官上的统一性，从而降低了视觉冲击力和辨识度。在福胶各个规格的包装中只有企业主题字"福"字是咸丰皇帝手书，其余字体均没有统一规格，更没有地域元素融入后的变形字体。标志方面，虽然"福"字做了统一，但是与之搭配的字体、字形和排列都十分随意，完全忽视了视觉系统中的设计法则。像阿胶片与阿胶糕的两款包装设计，阿胶片包装中的标志字体沿用传统的福字标识，具体变为上部分为"福"字、下部分为"福牌阿胶"副标识。而同一品牌下的阿胶糕包装设计中的"福"字标识被"福胶"两字取代，两款包装在整体的字体设计上没有任何联系和相同之处，虽然标志都用了"福"字，但标识样式却是两种形式，跟随"福"字设计的辅助字体也随意无序，导致消费者感觉每一款包装都是独立厂家的产品，无法与福胶产生内在的联系。

（4）包装材质和外形在地域文化影响下的变化对比

产品包装中所使用的材料应该与品牌想要传递给大众的信息有直接关联。包装一般是消费者直接了解产品的第一视觉点，在第一时间抓住消费者的注意力并将产品信息传达出去是一个包装所必须完成的使命。除外在的视觉元素对于消费者的影响外，包装的材质也是吸引消费者眼球的一大关键因素。古代人们会选择布袋、竹筐、陶器来装载物品，现如今包装的外部材料产生了更多的附加意义，不再只是起到单纯的运输与保护功能，还要求精美、方便、环保，要能够传递出产品所蕴涵的更多价值。可以说一个产品最主要的价值在于它自身的精良品质和使用功能，但是当商品与消费者第一次真正接触时，外包装的吸引力也至关重要。

在东阿阿胶产品的包装材料选择上，过去的包装多是纸盒，在新的设计中，东阿阿胶主要产品的包装全部换成了精致的铁盒，既实现了材料的循环利用，也提升了产品档次。东阿阿胶致力于使企业产品进入高端保健品行列，铁质材料配以浮雕压凸纹印刷工艺使得产品更显高端、贵重，尽显滋补国宝的醇厚之气。

在阿胶中有一款非常名贵的胶——九朝贡胶，是当之无愧的胶中极品。在古代，九朝贡胶仅仅在一年冬至子时才会制成，并且所用的也并非一般的黑驴皮，而是比较珍贵的乌驴皮。熬制了九天九夜后，取冬至子时阿井水，用至阳桑木柴方可炼得。炼出的白胶质色如琥珀，晶莹剔透，极为纯净，其营养更易于吸收。依此古方炼成的阿胶可以说是滋补、馈赠、收藏的极致经典。这一款产品的包装设计由陈幼坚先生亲自操刀完成。盒体采用了环保的加厚塑料材质，耐热抗压。盒体颜色做成透明色，加以黑底铺色，颜色晶莹透亮，与所炼胶质的色泽相似，让人们看上一眼就能感受到其名贵。盒体外部形态犹如被包裹的一个锦盒，古色古香，韵味十足，且有聚财、聚健康之意。内盒的纹理图案继续沿用古阿井的图饰，将地域的文化视觉元素运用到了极致。

2013 年改版的阿胶糕包装设计延续了地域文化融入的设计理念，可以说是将地域文化设计元素发挥到了极致。阿胶糕的包装设计不再局限于图形对于地域文化的表现作用，而是直截了当地将盒形变更为六边水井形。材质选用抗压、防蛀、耐热的硬塑料，配以磨砂工艺，盒体上以凹凸印技术刻画出古时阿胶糕的制作技艺，辅以水波纹样式，整体给人以悠久的历史感，古色古香，耐人寻味。

福胶在包装设计上缺乏创新性，不论何种产品都以矩形纸盒或铁盒包装，设计形式上缺少变化，与市场上其他阿胶产品的包装设计没有多少区别，有些包装设计甚至模仿月饼或者酒类包装，无法传达出产品的特性。就连现如今作为流行产品的阿胶糕的包装设计也没做过精心的推敲，礼盒装简单地做成正方形的样式，规整的造型无法吸引消费者的目光。自用包装的设计更显敷衍，纸盒包装的形式过于大众化，没有加入任何可以提升产品价值的符号。福胶包装设计中地域文化元素的缺失使品牌的价值难以得到有效提升。企业对这一现象应加以重视，在其包装设计中应加入符合阿胶地域文化特色的元素，使用全新的设计语言对包装进行精心的改良。

通过对比东阿阿胶与福胶的包装设计可以发现，东阿阿胶在融入了地域文化的视觉元素后企业形象以及品牌价值得到有效提升。包装设计对于产品来说是一种"身份认同"。东阿阿胶做出了以文化识别产品、用产品带动文化传播的改变，也成就了其自身的价值，在包装设计中以地域文化视觉元素为基础，规范了整体的色彩、图形、标识、盒体等，使整个系统规范化、整体化，企业文化独特鲜明，让人过目不忘。

福胶需要在保障自身品质的基础上加强形象差异化战略的实施，在其包装设计形象的改良过程中做到统一和谐。还应高度重视地域文化的融入，注重提炼符合阿胶形象的文化设计元素。在融入地域文化的基础上做到色彩、字体、标志、图形、器型的规范统一，并进行改进创新。只有统一视觉形象，选取出符合企业特色的各类视觉符号，才能让消费者更方便地定位产品。

随着社会经济的不断发展，人们更加注重情感与精神方面的需求。现如今在我国的产品包装中自主文化开发不足，不少设计只注重装饰与视觉感官刺激，却忽视了对于文化融入的需求，文化融合形式流于表面，没有内涵。所以设计师应结合创新性的设计手法，做好产品本身文化属性的挖掘与积累，提升品牌识别度，在用户与产品的情感交流上下功夫。为此，对上面的分析要点总结如下：

第一，通过艺术创作的手法，将地域文化视觉元素通过风景地貌、民俗民艺、生活方式、宗教信仰等元素表现。设计师应将其中符合产品包装需要的图形、文字、器型等进行解构与重组，创造出更加富有文化底蕴的包装设计形象，在弘扬当地特色文化的基础上提升品牌的附加价值。

第二，要通过包装设计实施企业品牌文化推广策略。从分析与研究阿胶品牌包装设计的实际流程中可以很明显地了解到地域文化对于企业包装设计的重要性：可以提升企业的知名度与价值；有效地提升产品档次。将自然人文与产品设计相结合的包装会让消费者对商品背后的企业文化产生好感与信赖感，从而提升产品的美誉度，进而促进产品的销售。

第十章

地方品牌包装设计研究——以青岛土特产及青岛啤酒包装设计为例

第一节　青岛土特产包装现状分析

一、青岛土特产的包装现状

土特产是地域风俗和生活状态的体现，有着突出的地方特点和丰富的民俗文化内容，是一个区域千百年来人们经济生活和生活智慧的结晶。土特产的品牌意识薄弱、市场定位模糊、产品层次单调、包装设计整体美感较差等现象都是我国土特产经营中令人担忧的问题。

二、案例分析——青岛海产品包装设计

青岛地处胶东半岛，是一座特色鲜明的海滨城市，时尚而充满活力，拥有独特的地域文化风貌。提起青岛，人们便会联想到"红瓦绿树，碧海天蓝"，更会想起美味的海鲜。就青岛的地方土特产而言，有发展成功的品牌，如今驰名中外；也有发展不力的品牌，始终默默无闻。青岛的海产品作为一个重要的地方特产，有各种产品品牌，令人眼花缭乱，目不暇接。通过分析和比较不难发现，这些产品的包装是相似的。除去名称中的"青岛"一词之外，

几乎没有和中国其他海滨城市的土特产差异明显的特征，缺乏特色，辨识度低，让人难以记住，至于品牌的人文含义就更无从谈起了。对于现阶段的海产品市场而言，产品要么定位为高端礼品，价格昂贵；要么定位于大众消费品，包装简陋随意，对现代先进设计理念的汲取也比较缺乏，这导致青岛地区海鲜的营销范围受到了很大局限，无法以一个标志性的地域性品牌行销全国，更无法走向世界。几乎没有一家品牌能够同时向市场上投放高、中、低端产品，如此一来，既不能适应不同层次消费者的需要，也不利于品牌的整体设计和推广。而且，同一品种的产品种类不够丰富，系列性不强。

反思海产品市场，问题的产生主要可以归纳为以下几方面：

第一，对于海产品，很多商家还停留在过去以散装售卖为主的观念里，只注重功能性，认为只有产品的品质才是重要的，甚至将完全没有包装的散装海产品作为唯一或主要的商品形式进行销售。然而，随着现代社会的发展和人们生活水平的提高，人们对商品美学的需求与日俱增。包装是消费者对产品的第一个印象，在产品营销中起着举足轻重的作用。漂亮的包装在很大程度上能够激发消费者的购买欲，并对产品本身产生优质的心理暗示。相反，粗糙随意的包装会使人产生一定的抵触情绪，进而对产品质量产生怀疑。这也是很多老字号海产品专卖店逐渐衰落、失去竞争力甚至退出市场的原因。

第二，很多商家急功近利，没有长远的发展计划和完善的发展策略，只一味地追求眼前的经济利益，品牌意识薄弱，不曾着眼于品牌形象的塑造。对于包装，只考虑基本的保护作用，根本不去考虑它的美学价值。这种情况多发生在一些小企业身上，其包装设计随大流，毫无个性，导致其品牌持久性不强，市场竞争力不高。

第三，很多小企业因为可以投入包装设计的资金相对较少，没有更多的条件去顾及包装，只是简单地为商品包上外包装（透明袋子、纸包等）以达到基础保护的作用。商家更多的是考虑产品的购买性质，忽视了产品包装设计的美观性。

第四，海产品作为土特产，生产销售的地方性强，缺乏突出的领军品牌，因而无法形成良好的带动效应。

第五，旅游业的迅猛发展给土特产市场带来了巨大的商机。游客在游览过程中通常会选购一些土特产带回家，许多对海产品了解不多的游客在购买的时候不容易分辨优劣，也没有太多的选择空间，因此，许多包装拙劣、品质不高的产品也拥有了一定的市场。这种不愁卖的状况使得这类商家打消了改善包装的念头。但从长远来看，这一行为却极大地限制了企业的发展。

心理学上的关注一般包括有意关注与无意关注。通常，人们对销售包装的重视始于无意的关注，主要体现为被包装信息的内容所吸引，这种"潜移默化"的效果更容易被消费者所接受。一旦食品包装物的信息内容更加复杂并引起了信息内容接收者的兴趣，那么人们对包装物信息内容的主动阅读就开始了，这被看作有意关注。所以，深入研究并恰当利用无意关注规律，对包装设计有着重要意义。一般来说，影响注意力的原因主要包括以下两大类：

1. 刺激物本身的特征

在制作销售包装时，应当重视包装表象的特点，如冲击力度、反差度、新颖性。通常，刺激本身的属性越强，引起注意力的可能性也越大。例如，"红灯停，绿灯行"中红灯往往比绿灯更容易吸引人们的目光。

2. 信息接收者的主观状态

接收者的认识、经历、需求、兴趣、心态以及情感状况是影响注意力的主要因素。在包装设计中，信息接收者的主观状态往往起主导作用。心情愉悦时，注意力就高；情绪低落时，注意力也会下降。这就需要企业从产品质量到包装设计都争取做到最佳，赢得消费者的认可。从包装上来说，不妨添加更多的地域性特征以及品牌历史文化信息，让其识别度更高。

第二节　青岛啤酒的包装设计分析

分析青岛啤酒的发展历程不难发现，它很好地传承了品牌历史，突出了青岛的地域特色，使品牌深入人心并得以持久发展。

青岛啤酒的前身是 1903 年德国人和英国人合资创建的"日耳曼啤酒公司青岛股份公司"。1906 年，该公司在德国慕尼黑啤酒展览会上夺得了金奖。它汲取了德国最先进的啤酒酿制技术，传承了日耳曼民族严谨认真的精神，和齐鲁文化中的以和为贵、仁者爱人的精神融合在一起，形成了青岛啤酒独特的企业精神。"好人做好酒，做酒先做人"，这种精神成为青岛啤酒百年品牌持续发展的力量。独特的历史背景、先进的技术、优秀的品质、深厚的文化内涵决定了青岛啤酒拥有区别于其他品牌的差异性。在发展过程中，青岛啤酒不断地实行技术创新、企业改造，从开始的只制造中高档啤酒到后来高中低档啤酒产品系列发展，从本土市场到全球市场，青岛啤酒做到了"你无我有，你有我优"。经过百年的风雨历程，青岛啤酒以其独特魅力不断地发展壮大。

青岛啤酒在注重内在品质的同时，根据不同的经销地域来进行包装材料、包装造型的更新，它的包装随着时代的进步而不断地发展、创新、演变。

一、青岛啤酒的品牌标志

早期青岛啤酒的酒标中散发着浓郁的欧陆设计风格，在酒标的中央出现佛教中的右旋万字符，这是这一时期青岛啤酒包装的一个明显特征。第一次世界大战开始后，日本侵占了青岛，接手青岛啤酒并以太阳、麒麟、札幌、福寿等商标进行注册，以日文标名。中华人民共和国成立后，青岛啤酒商标图案改为"灯塔"，来源于爱琴岛灯塔的形状。后来，香港的爱国商人们提议将旧品牌中的"灯塔"改为"栈桥回澜阁"，修改后的酒标于1958年在香港注册。标志中的栈桥惠兰亭代表青岛的历史；蓝色、圆形的背景色块代表海洋，反映了青岛的地方特点，也代表着地球，表明青岛啤酒事业发展的战略目标是走向世界，行销全球；纯净灵动的空气水波横贯标志；麦穗圆环强调啤酒和大麦之间不可分割的关系。青岛啤酒的标志见图10-1。

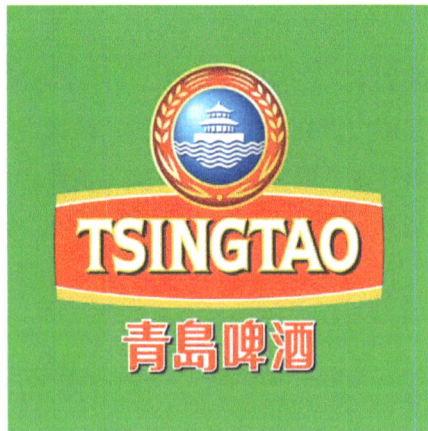

图10-1　青岛啤酒标志

二、青岛啤酒的包装设计

青岛是一个相对年轻的滨海都市，而它又地处孔孟之乡，集青春活力与历史文化的厚重为一体，因此在青岛啤酒的包装设计上既要注重商品对海的形象表达，又要结合品牌故事，同时也需根据山东的文化特色，从色彩、图案、文字等多方位表现青岛的独有风貌。此外，还要注意商品的多元化发展，在商品包装中更加注重形成系列感。

　　青岛啤酒发展过程中的每一时期都有着不同的风格，承载着品牌发展的深厚文化内涵。青岛啤酒随着时代的发展不断调整着它的品牌策略、营销策略、包装策略，推出了种类丰富、形式多样的产品，同时兼顾了不同档次的商品需求，在精良的包装下保证了产品质量，这样的品牌、这样的商品，如何能不享誉全球呢？

第十一章

包装设计中传统版画语言及插画的应用

第一节 版画的历史渊源及发展现状

一、版画的历史渊源

版画与插画自古就有着密不可分的渊源关系，二者伴随着书籍的发展共同传承了上千年。在形成初期，版画是书籍插图的主要创作方式，主要用于协助文字传播书籍中的相关内容。无论是中国的版画插图还是国外的版画插图，最初都主要存在于宗教读物中。我国最早的雕版印刷品唐代的《金刚经》中，首次出现了传统版画作品，画面中人物众多，构图繁复，插图雕刻精巧，足以看出当时精湛的版画技艺。明清时期出现的小说《西游记》《水浒传》等许多当时畅销的文学作品也都带有精美的版画插图。国外作品如法国多雷的《神曲》、日本江户时期的浮世绘作品，都是传世佳作。随着现代印刷技术的发展，特别是计算机辅助印刷技术的开发，传统版画的功能性逐渐减弱并慢慢地从书籍插图中分离出来，开始从图像交流工具转变为独立的艺术。艺术家将自己的想法完全呈现在版画材料上，最大限度地表现自己的思考，反映现实问题。

　　插图的发展则继续依附于书籍文本，集中运用在自然科学书籍、历史书籍和古典作家文集等出版物上。20世纪60年代后，读图时代到来，插画被广泛运用在杂志、书籍、广告招贴、产品包装、影视媒体中，打破了原有的单一的表现方式，其多样性的绘画风格、极具感染力的艺术特征以及真实的生活感被注入商业设计中，从而演变为商业插画，为商业产品创造出鲜活的生命力。

　　如今，版画是一种独立的艺术形式，艺术家创造出一大批具有时代活力和独特艺术特征的优秀作品。而插画则在经济发展中发挥着巨大作用，形成更加符合市场需要的商业插画形式，成为现代视觉设计的焦点。版画与插画在现代设计艺术领域都有着独特的价值和地位，并继续促进着现代设计的创新发展。

二、版画的分类

　　版画艺术大致可分为四大类，即凹版、凸版、平版、孔版。版画自身又分为许多子品种，如钢版画、木版画、丝网版画、石版画等。

　　木刻版画（见图11-1）是传统民间版画，属于凸版画，常被我们称为"木版画"，经常与"民俗""风俗"等词联系在一起，具有鲜明的民族特质。木版画的题材与劳动人民的生产劳作息息相关，木版画的流行体现了民间艺术的发展方向，满足了民众的审美需求。它的制版方法是用刻刀在板材上刻制图案，然后用纸张在板材上拓印。在印刷术并不发达的年代，木版画是唯一能够批量复制信息的宣传方式。它反映着人们的生活，富有深厚的本土民族艺术内涵，通常被赋予"吉祥"等寓意，大多以团圆、喜庆、欢乐等为主题，既体现出丰富的图画内容，也反映了劳动人民对美好、幸福生活的向往。

图11-1　木刻版画

　　铜版画（见图 11-2）起源于欧洲，属于凹版画，因为其特性比木版画更加细腻，更符合印刷的要求，所以逐渐取代了以木版为主的印刷方法。铜版雕刻使用铜作为介质，把油墨均匀地涂抹到版面上制作出一张漆黑的底色，后用刮刀进行处理，使其形成光影的效果，最终形成画面精细、黑白严谨、线条清晰的图像。这种方式深受欧洲艺术家喜爱，杜勒、伦勃朗、佐恩都是著名的版画家。时至今日，铜版画依旧有着广泛的用途，出现在各种公共场所中，影响着我们的日常生活。

图 11-2　铜版画

　　石版画（见图 11-3）是从 18 世纪后期开始发展的版画，由石印技术演变而来。在所有种类的版画中，石版画最接近绘画效果，最为真实，属于平板版画。石版画的制作方法是在石板材料上用油墨作画，之后用树中的胶液处理石板表面，由于油与水不相溶，所以板面最终展现出各种图形。今天，这种绘画被广泛用于礼品的定制，例如常见的"三生石"就是采用石版画的处理方式制作出的具有特殊意义的礼物。

图 11-3　石版画

丝网版画又称孔版画（见图 11-4）。早在公元 5 世纪，我国就有关于丝网版画的记录，但由于当时技术水平不足，直到 20 世纪 60 年代波普艺术时期，丝网版画才在全球得到发展。丝网版画和其他艺术门类相比有着极为丰富的韵味，在创作时可以更好地开拓思路，开阔视野，更完美地表现创作意图。这就是为什么我们称它为"丝网版画"，因为它是一种工业布料印刷法，将网孔漏色刮去，再将其印到承接物上。丝网版画可用于印刷广告、包装、路牌、衣饰图案等，在日常生活中随处可见，其制作快捷、经济、灵活，易于制作和印刷的特点深受人们的欢迎。

图 11-4　丝网版画

三、现代版画语言特征

当代艺术创作中，最重要的问题莫过于对语言形式的探索。独特的现代版画语言是在传统版画的基础上发展演变而来的，也是经过不同创作方式的不断融合创新而来的。将版画独特的肌理、线条、色彩等特点进行归纳，形成独具风格的语言，并将其应用于现代设计中，能够为现代设计注入新的活力。

第二节　现代插画的发展及应用

一、现代插画的发展趋势

插画最早是以书籍和杂志为载体发展起来的。一谈到插画，人们往往会想到书刊上的图片、广告形象、卡通人物等。从传统的意象来看，插画是为辅助文字而出现的，所以插画是真正意义上的审美产物。伴随着现代信息技术的飞速发展，我们已身处"信息爆炸"的时代，海量信息充斥于生活的每个角落，让人应接不暇，在这样的大背景下，"读图时代"随之到来，图画直观、简捷的特性，帮助人们在繁杂的信息海洋中可以快速捕捉到想要的信息，这也为现代插画的发展起到了积极的推动作用。现代插画突破了传统书籍中插图的单一概念，获得了更多的发展空间，并从纸媒中脱颖而出，转变为独立的艺术表现形式和文化视觉符号，它也成为平面视觉应用领域最主要的元素之一，在现代设计中占据了独特的地位。计算机技术的发展打破了以手绘为主的创作方式，提高了制图效率，拓展了绘画的表现方式，符合艺术创作的个性要求。现代插画是传播信息的媒介和社会文化的载体，在文化活动、网络通信、商业广告、服装时尚、影视动画等领域得到了广泛应用，尤其是商业插画，被大量应用在产品包装设计中。

大量的案例表明，在市场竞争日益激烈的今天，多元化的插画风格使包装形式越来越多样化，如何更加准确地传达产品的核心信息，是每个包装设计师都应思考的问题。现代包装插画强调抓住消费者的心理，反映和引导人们的生活。插图的实用性在产品包装上得到推广，插画与产品相互补充、相辅相成。

二、插画在产品包装中的应用

在市场中，人们会接触到大量的产品包装，包装的外在形象也愈发丰富，于是一件产品外包装的表现力及形式美是其区别于其他同类产品的有力手段和销售的关键点。当代插画的发展融艺术审美和设计元素于一体，利用插画作为产品包装设计的形式语言，不仅能以丰富的图案展现产品的独特个性，还能吸引消费者眼球，使消费者在第一时间识别产品，产生购买行为。

1.通过插画建立品牌视觉营销

插画包装主要服务于企业，通过产品传递企业的价值观念，消费者购买产品的同时也了解了企业的文化精神。插画通俗易懂的表现方式和多样化的设计风格能够丰富产品包装的形式，满足不同人们的审美需求，帮助企业建立品牌形象，促进产品销售。例如，休闲食品品牌——良品铺子，其独特的产品包装设计收获了无数消费者的好感，从而带动了其品牌营销战略。良品铺子包装大部分采用插画语言，将具象的图形用抽象的艺术方式进行重新组合，对植物、人物、动物、场景进行表现，善于运用东方美学精神、新古典中国风、表现主义和波普艺术风格，传达古典、精致、年轻的气息。良品铺子推出的"12经典年货礼盒"，其包装样式从宫廷"御膳盒"中汲取创意（见图11-5），将传统记忆与现代生活串联起来，别有一番风味。此外，良品铺子还善于结合节庆活动推出不同种类的系列产品，每款包装都充满节日氛围，同时，精巧的设计使每件产品都更像艺术品（见图11-6）。

图11-5　良品铺子"12经典年货礼盒"系列包装设计

图11-6　良品铺子节日系列包装设计

从良品铺子的案例中可以发现，插画使包装更加符合产品本身的特性，为品牌建立视觉形象，增加了品牌的辨识度，带给消费者全新的视觉感受，实现了产品升级。

2. 通过插画增加包装的趣味性

在中国快销品品牌中，农夫山泉一直在不断地寻求突破和创新，在包装设计上下足了功夫。例如，"农夫山泉茶 π 系列"是面向90后青年群体的茶饮料，其包装采用漫画涂鸦式的插画风格，色彩鲜明丰富，既有自然花草又有浪漫童真，整体视觉效果大胆活泼，个性十足，符合大众的审美诉求，而且形成了一套完整的故事系列，提升了包装的趣味性。"农夫山泉长白山系列"包装设计（见图11-7）配以奇幻的场景：一只帮助青蛙的蝴蝶、开出鲜花的唱片机、会滑冰的猫等，带有梦幻色彩，使产品在同类型品牌包装中脱颖而出，将简单的产品变得有趣活泼，更容易打动消费者，提升品牌的商业价值。

图11-7　农夫山泉插图系列包装插画设计

3. 通过插画传达生态文明理念

随着经济的快速发展，对可再生、可回收资源的开发和利用越来越普遍，生态环保包装设计成为流行趋势。包装插画要想适应时代的发展，不仅需要考虑视觉效果，还要弘扬环保概念，倡导低碳生活的理念。例如，"农夫山泉高端水系列"插画元素选用东北虎、马鹿、鹗、中华秋沙鸭、海棠等动植物作为图案绘制于瓶身，插图旁标注国家重点保护动物（植物），通过插图和文字展现人文关怀，完美呈现了农夫山泉崇尚自然的核心理念，呼唤人们保护自然、爱护动物（见图11-8）。

图11-8　农夫山泉高端水系列包装插画

我们不难发现，在众多的产品包装案例中，现代商业插画给产品赋予了全新的面貌。插画作为产品的形象语言，拉近了消费者与商品之间的距离，使消费者在购买商品的同时，也体验到艺术设计之美。随着产品种类越来越多，使用插画的包装方式会继续展现独特的视觉魅力和感染力。包装插画设计将引领品牌设计的潮流，使得产品定位更加年轻化、时尚化，从而更加新潮，更具感染力。

第三节　插画在产品包装中的应用价值

插画在包装设计中的应用越来越广泛，使包装更加艺术化，提升了消费者的视觉体验，提高了产品的销售量，为企业带来了更高的经济回报。插画对产品信息进行功能化、概念化、感性化的处理，增强了视觉表达和品牌价值的内在联系，使产品的主题更容易被人们理解和接受。插画应用于产品包装中的价值主要体现在以下几个方面。

一、信息传播价值

包装插画这种表达方式就是要引起消费者的关注，起到信息传播的作用。漫画大师丰子恺在为鲁迅先生的小说绘制插画的时候说过："我把鲁迅先生的小说译作绘画，使它们便于广大群众阅读，就好比在鲁迅先生的讲话上装一个麦克风，使他的声音扩大。"通过他的画笔，鲁迅先生的作品以插图的方式更加生动地呈现在人们眼前，方便读者更好地理解和掌握鲁迅作品要传达的精神。这充分说明，插画与文字相比更具信息传递的直观性。插图作为一种艺术语言，具有美学和实用性两种功能，是一种创造性的表现形式。插画与现实图片不同，其艺术感会提升商品本身的价值。不过，在插画创作中，插画，所传达的主题要鲜明、准确，不能产生歧义，既要让消费者正确地接受这一信息，又要让消费者的审美需求得到满足，从而使消费者更容易接受商品所传递的信息。

二、艺术价值

包装插画能通过其艺术价值来实现产品的商业价值。用插画的形式进行产品包装，有助于表现包装设计的创意，使其更具有艺术性。

人们常说"第一印象很重要"，产品没有好的包装，很难吸引消费者的目光。包装插画通过丰富多样的插图形象增加了消费者对产品的认同感，使产品展现出独具特色的艺术价值。例如，萤火虫公司出品的 firefly 鸡尾酒（见图 11-9），为了与饮料年轻、时尚的特点相匹配，萤火虫公司设计了一款夺人眼球的包装，使产品外形看起来更像艺术品。插画运用了花叶等元素，设计别具一格，整体构图巧妙，极具装饰性。斑斓的色彩运用从整体上给人以强烈的视觉冲击感，满足了人们对美的追求。放在商品货架上，消费者一定会注意到它，哪怕喝完饮料，消费者也不愿丢弃瓶子，而是将其作为装饰品使用，由此消费者的艺术诉求被包装插画引导，从而产生自觉、主动的消费行为。

图 11-9　firefly 鸡尾酒包装插画设计

三、商业价值

将插图应用到产品包装中，可以促进产品的销售，提高产品的商业价值。包装插画的艺术表现具有灵活性和独特性，是文字无法做到的，它能够使消费者快速、直观地对商品产生好印象，是促进商品价值宣传的关键。如果能够有效地利用插画展开包装设计，可以使产品的艺术价值得到更大程度的提升，从而提升产品的商业价值和核心竞争力。有句老话说："佛靠金装，人靠衣装"，应用到商品的包装设计上，可以说好的商品要与好的包装进行搭配，在同样的品质下，漂亮的包装往往更能引人注目，更能刺激消费者的购买欲望。

四、文化价值

插画在赋予产品包装形式美感的同时还应赋予其文化内涵。继承和发扬企业自身深厚的文化底蕴和蕴含在产品中的民族特色，对于品牌的长远发展十分重要，对于企业文化的传播也具有重要意义。产品包装上插画的运用使包装设计更有人情味，更具人文气息。当代包装设计若要与消费者产生情感共鸣，不仅需要外表的美感来吸引消费者，更需要传达产品内在的文化精神。

例如，云冠橙品牌通过包装设计展现了该品牌匠心传"橙"的文化精神（见图11-10）。包装盒插画描绘了一棵代表品牌创始人的"生命树"，在视觉上保持了透空的艺术感，数字记录了创始人传奇的人生经历。粗壮厚重的树干象征着品牌创建过程中的艰辛劳苦，也体现出品牌的责任感和使命感。幼苗和大树是继承和发扬的关系，由此来传递匠人精神，弘扬品牌文化。这也再次印证了包装插画能在装饰商品的同时有效地传达品牌文化精神，增加产品包装的文化价值，传播品牌文化理念。

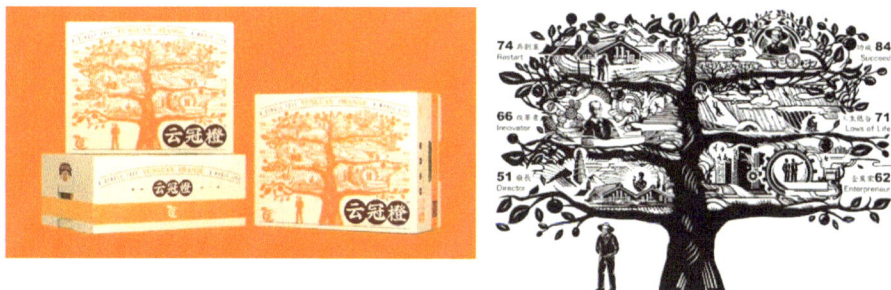

图 11-10　云冠橙包装插画设计

第四节　版画语言在包装插画中的应用

一、版画语言与包装插画的结合及意义

伴随着时代的进步，人们对美的追求越来越高，更希望能在视觉上感受到不同的审美享受。现代设计大师威廉·莫里斯提出"美与技术结合"的原则，鼓励画家积极参与设计，让设计成为社会重要的组成部分。正是在这样的背景下，包装插图汲取各种门类的艺术语言、创作手法，通过视觉吸引在消费者头脑中形成深刻印象，从而达到宣传效果。现代包装插画创作速度与传统版画的精雕细刻形成了鲜明的对比，传统版画的工艺可以更好地展示出文化精神内涵和艺术价值。

版画以其独具特色、丰富多变的形式语言体现它的艺术意蕴。传统的版画制作方法是充分利用各种材料的特性表现各种艺术效果，如刀刻和画板的凹凸效果，将这些雕刻痕迹与插画相结合可以产生独特的肌理效果，不仅能丰富包装插画的画面效果，而且能使包装插画具有传统版画的韵味和内涵。版画和插画二者本就"同宗同源"，有着深刻的历史渊源，古时候二者在书籍这个载体上共同应用，如今在包装上又找到了相互结合的最佳场所。

在包装插画设计中应用版画的艺术语言，可以让更多的人了解到其独特而富有韵味的艺术形式，促进版画自身的发展。在现代包装插画中，插画与版画效果结合的案例越来越多。因此将版画语言的艺术表现力和思想内涵与包装插画设计方式相融合是设计创新的有效途径。

二、版画语言在包装插画中的艺术表现

版画是在各种材质上经过制版、印刷所产生的艺术，并以自己特有的表达方法对画面做出高度的概括，在艺术领域展现了强大的生命力和独特的美，能够体现出品牌的企业精神和历史文化，并对现代包装插画的设计创作和风格产生了深远的影响。版画语言在包装插画中的艺术表现具体可归纳为以下几个方面。

1.视觉的装饰感

版画以自然空间的物象为视觉基础，将自然空间中的物象转化为平面图像，再转绘在版材上，经制版、印刷而成为版画作品。版画在表现形式上具有强烈的视觉装饰性，主要通过对点、线、面等基础元素进行组织和运用并灌注创作者主观的思想情感来塑造符合大众审美的画面效果。在包装插图产品创意中，许多装饰性的艺术语言也都渗透到了产品设计之中，如"拉面说"等品牌的包装插图设计以抽象概念、图形符号为手法，用钢笔画模拟铜版画，对捕蟹进行了独特的美术处理，提高了画面的趣味性；通过黑白搭配提高了视觉感受，给观者留下了深刻的印象。这是复古版画风格和现代时尚的碰撞，成功地吸引了广大消费者的眼球。

2.随机的肌理感

版画的肌理是版画创作过程中重要的表现语言，它是偶然性与必然性结

合下的产物，是随机产生的自然效果，具有强烈的装饰性和情感表现力，能更好地传达品牌所蕴含的情感元素。不同的肌理给人不一样的视觉感受并表现出不一样的美感，例如：较为粗糙的肌理给人粗犷古朴、年代久远的感觉；精细的肌理给人一种细腻精致的感觉。这些能够代表多种情感的肌理融入包装插画中，将品牌形象的特点视觉化地表达出来，可以丰富画面的质感和层次，产生强大的艺术魅力，完成品牌的情感表达。例如，大土司品牌插画（见图 11-11）富有版画粗糙的肌理效果，体现茶叶的历史悠久和古色古香的韵味，饱含丰富的情感。

图 11-11　大土司品牌包装插画设计

3. 天然的有机感

倡导绿色包装，追求自然、原生态风格，是当今包装设计的主流趋势。由于版画多采用手工制作，用色简单，制作手法简约，因而更能贴切地表现产品自然质朴和精雕细作的工匠情怀，使整体设计看起来淳朴自然，更契合绿色包装的理念。材料是包装设计的载体，大量的新型包装材料如竹子、木材、麻布、藤条等纯天然的材料和新型环保材料的出现不仅能体现环保理念，也突显了包装材料的独特性，与消费者建立起情感联系。对消费者而言，天然材料显示出一种田园风格，让消费者在拿到产品时感受到一种贴近自然、融入自然的情感体验。比如，寻拾记山茶油的包装（见图 11-12）采用版画式插画绘制了野性十足的丛林豹图案，原生态气息扑面而来；可降解环保纸外搭配牛皮纸袋也能很好地体现产品的自然新鲜感。

图 11-12　寻拾记山茶油的包装插画设计

三、版画语言在包装插画中的艺术风格

版画语言通过运用线条、肌理、色彩等具象的表现方法对具体形象进行刻画和重组，呈现出独特的形式美，增加了产品的艺术价值。目前市场上在包装插画中运用版画语言的成功案例有很多，这些案例的艺术表现风格有以下几点。

1. 古典风格

古典风格在形式上主要追求庄重、严谨、理性的古典意蕴，体现古典同时期华丽、高雅、壮观的时代特色。在版画创作过程中多采用铜版画的创作形式。铜版画精细的线条能够准确地将人物、建筑、动植物形象等最直接地呈现在画面上。古典风格分为中式古典和西式古典两种风格。例如，青岛白啤包装插画设计（见图11-13）以希腊神话中女神的形象和当时的马车、房屋、藤蔓等元素为视觉符号，具有浓厚的西方古典风格特色；以铜版画形式绘制，线条的起伏流动精准地勾勒出人物细节，让青岛白啤散发出复古典雅的艺术气质，为原有品牌注入了新的活力，同时也体现出青岛啤酒悠久的历史。

图 11-13　青岛白啤包装插画设计

2. 自然人文风格

自然人文风格主要用版画语言诠释出人与自然的和谐关系，多采用木刻版画和铜版画的绘画形式，描绘山、水、动植物、田园生活等场景，传达优雅、宁静、美好的意象。该风格主要用于原生态、有机特色产品的包装设计，诠释本真、绿色的设计理念。例如，爱晚亭小鱼辣椒酱的包装插画刻画的是夕阳西下渔民在海边捕鱼收网的场景，精致细腻的铜版画风格为画面增添了浓厚的艺术气息，给消费者带来清新、自然的感受，加深了人们对产品的美好印象。铜版画精细的刻画方式让设计具有精致且高级的艺术气息，质朴的自然人文风格使画面更加直观和真实，让产品极具文化价值，使品牌形象深入人心（见图 11-14）。

图 11-14　爱晚亭小鱼辣椒酱包装插画设计

3. 现代装饰风格

现代装饰风格在创作手法上善于运用点、线、面对图形进行夸张、变形、重构等，使插画具有较强的装饰性和趣味性，画面更加新颖独特，具有更为强烈的视觉冲击力。例如，雪花啤酒推出黑狮白啤（见图11-15），该产品的包装插画创作新奇大胆、夺人眼球。插画设计由钢笔画与铜版画结合而成，精致的线条和复杂饱满的纹理使该款产品在视觉上更加精致。铜版画的艺术表现手段将狮子和人物细腻地呈现出来，视觉艺术性极强。现代装饰风格结合传统铜版画效果打破了原有包装形象古板的形式，图形重组结合文字使视觉上更有层次感，从而使品牌更具高级感。

图11-15　雪花黑狮白啤包装插画设计

第五节　案例分析——燕陵蜜酒的包装设计改进方案

早在清嘉庆二十五年（1820年），自传承人胡述云祖先——胡仓儒开始，胡家一直延续养蜂的传统，并一直用蜂蜜酿酒。如今的德州燕陵生物科技有限公司位于中国金丝小枣之乡——山东省乐陵市，在重视传承传统技艺的同时突出技术创新与产品创新，崇尚"至柔、至刚、至净"的"蜜文化"理念，将自然生物与健康养生巧妙地结合在一起，努力打造低度养生酒领域中的世界级民族品牌。

乐陵市位于鲁、冀两省交界，隶属山东省德州市，盛产优质枣花蜜。有的蜂蜜只能做出一般的酒，如杂花蜜、油菜花蜜等；有的蜂蜜香气较差，不能酿酒，如芝麻蜜等；而枣花蜜、刺槐蜜可以酿制出优质蜂蜜酒，尤以枣花蜜酒质优、味道美、风格独特。蜂蜜本身就具有保健功能，用蜂蜜酿制的蜜酒，其营养成分和保健功能更为出众。燕陵蜜酒选择了健康安全的人工蜂蜜提取方法，通过独一无二的酿造工艺加以生产。

一、燕陵蜜酒市场现状

通过问卷调查的形式对燕陵蜜酒品牌消费市场现状进行了调查，通过分析数据得出如下结论（见表 11-1）。蜜酒的消费人群主要集中在中老年群体，以养生保健为目的。年轻群体对于酒的需求量较大，但对燕陵蜜酒品牌了解较少，市场潜力巨大，其考虑因素主要在口感、价格、品牌和包装上；年轻女性相比男性更青睐蜜酒，可以针对女性群体进行开发（见图 11-16）；消费区域以山东德州为主，其他地区尤其是南方市场对蜜酒的了解较少；消费方式以家庭自饮和馈赠为主；消费者对燕陵蜜酒了解的渠道主要是当地的口碑宣传和电视广告；消费者对其包装满意度较低。

表 11-1　蜜酒消费市场特征调查

项目	20~35 岁之间的消费者	40~60 岁之间的消费者
饮酒原因	工作应酬、亲朋聚会	工作应酬、亲朋聚会、个人习惯
饮酒时间	1~10 年	10 年以上
饮酒品牌	本地以及全国知名品牌	以本地品牌以及本地散装酒为主
注重因素	品牌、价格、度数、口味、包装	品牌、价格、口味，以品牌为主
消费价格	20~200 元	50~300 元
包装吸引	文化、色彩、图案	文化、色彩、图案
品牌认知度	对蜜酒了解较少，喝过的少	了解蜜酒，少数有常喝的习惯
购买地点	烟酒店、超市、专卖店	大型超市、专卖店

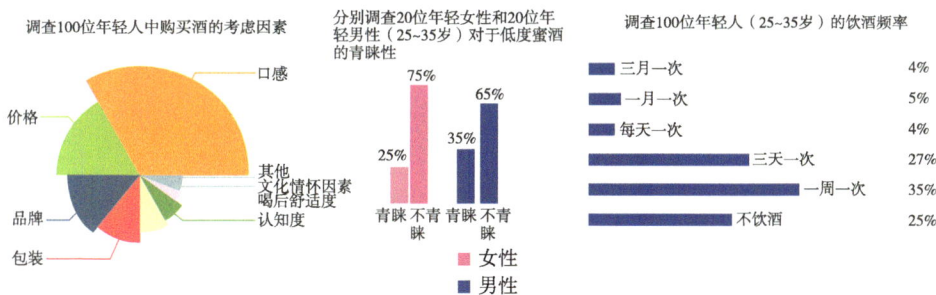

图 11-16　问卷调查结果

从当今的蜜酒市场竞争中可以看出，消费者越来越重视品牌，崇尚个性，注重感性的消费体验。对蜜酒消费市场的调查显示，人们对蜜酒文化以及蜜酒品牌的认知了解较少，尤其是青年群体，更是缺乏了解。

二、燕陵蜜酒品牌现状分析

1.品牌视觉形象识别度低

近年来，燕陵蜜酒品牌着重打造企业核心竞争力，努力打造中国保健领域知名品牌。通过对燕陵蜜酒的标志形象进行研究可以发现，燕陵蜜酒品牌形象较为陈旧（见图 11-17），品牌标志的视觉形象较为复杂，辨识度较低。在视觉设计广泛应用的今天，应对燕陵蜜酒品牌视觉形象进行重新设计，建立严谨细致的符合品牌形象的视觉体系。

图 11-17　燕陵蜜酒标志（图片来源：品牌提供）

2.包装形式陈旧

燕陵蜜酒现有品牌的包装形式过于陈旧（见图 11-18），在包装外形上缺乏品牌特色，各系列之间区别度低，形式相似，缺乏创新。

| 蜂蜜酒 | 花粉酒 | 王浆酒 | 半干蜂蜜酒 | 花粉蜂蜜酒 | 王浆蜂蜜酒 |

图 11-18　燕陵蜜酒系列产品包装（图片来源：品牌提供）

燕陵蜜酒具有独特的文化属性和工艺特色，在激烈的市场竞争中，其品牌包装应突出蜜酒特有的文化风貌和酿制工艺，在包装插画设计中展现其文化内涵，从而达到促进产品销售的目的。

3.品牌推广度低

蜜酒是养生保健酒，有很大的市场潜力。酒类企业想要长期开发，不仅要依靠产品本身的品质，还需要使用有效的营销手段来促进销售。燕陵蜜酒目前主要针对当地人销售，途径简单，品牌影响力不够，市场知名度不高，制约着其经营发展。应开展"互联网＋和线下双道"的现代发展模式，让互联网与企业深度融合，注重网络数字媒体宣传以及直播平台等宣传方式，扩大蜜酒产品的知名度。目前燕陵蜜酒线上宣传海报、广告、企业官网等形象过于老旧，体现不出品牌特色，不利于线上网络传播（见图11-19）。

对于燕陵蜜酒来说，应以产品的历史和文化为宣传点，以蜜酒古法酿制工艺为依托，确定市场运作的方向，开展文化营销，以文化情怀来增加产品竞争力，向人们普及蜜酒的功效特色，努力将蜜酒文化推广出去，积极开拓市场。将消费者心中对中华民族优秀文化遗产的深厚情感转化为对产品的信任和依赖，巩固已有消费群体，拓展新的消费人群，这样才能确保其市场地位。

图11-19 燕陵蜜酒宣传海报设计（图片来源：品牌提供）

三、燕陵蜜酒包装设计策略

1.挖掘蜜酒文化基因

关于蜜酒，有很多传说和历史故事。相传上古时代，一位名叫"凤"的神仙掌握着令人称叹的酿酒技术。在百花盛开的季节，"凤"望着正在花间劳作的蜜蜂，突然灵光一闪：若用蜂蜜酿酒会是何种滋味？"凤"便结合自己酿酒的技术闭关研究，七七四十九日后，屋内散发出醇香的酒味，吸引得百鸟汇聚，齐鸣翩舞。"凤"将酿造好的蜂蜜酒置于梧桐树下，留待以后慢慢品尝，功成名就的"凤"仙被召回了天上，此绝世瑰宝就此长存人间。

此后历经岁月，西周时期，一位打理园林的仆人无意间打开了此坛酒，酒香瞬间弥漫整个园林，正好被游园的周幽王闻到。他品此酒后回味无穷，醇香久久存于口中，周幽王立即下令，全国各地的酿酒师都要研究这种蜜酒的制法并进行酿造。功夫不负有心人，数年后此蜜酒的酿造工艺被研究出来。由于这种蜜酒酿造过程繁琐，成本高昂，只能供贵族们享用。北宋时期，著名文学家苏轼被贬官后，一个道士给了他一个酿酒配方，亲试之后，他酿造出极品蜜酒，并写下了一首《蜜酒歌》，详细地记述了蜜酒的酿制过程，表达了他对蜜酒的喜爱。元代《酒小史》、明代《本草纲目》都对蜜酒的保健功能进行了详细的记录（见图11-20），认为蜜酒具有强身健体、治疗皮肤病等功效。

图 11-20　有关记录蜜酒的古籍

通过挖掘蜜酒的传说和历史故事可以发现，蜜酒文化深深地根植于当地历史文化的土壤之中，融入人们的精神生活，因此，应当在产品设计中体现出这种深厚的文化底蕴。

2.结合品牌基因推陈出新

对于未来的发展方向，燕陵蜜酒应依托乐陵市的区位优势，采用先进的蜜酒酿造工艺，坚持"绿色、健康、天然、生态"的品牌理念，将乐陵地区的枣花和蜂蜜元素凝练为高辨识度的现代符号，加入产品的品牌设计中，塑造富有文化性与现代感的设计体系，实现乐陵与蜜酒的紧密结合，为产品带来高附加值。

此外，也可以从蜜酒相关的历史故事、传统工艺中找到丰富的设计资源。以蜜酒的酿制工艺为元素进行设计，可以赋予商品深厚的文化价值和鲜明的审美价值。

以往保健型酒品的目标客户群体都是中老年人，而忽略了年轻人。当前，鸡尾酒、果酒等酒类饮品广泛出现于年轻人的社交聚会场合，考虑到年轻消费群体对酒类饮品的接受度逐渐提高，所以保健类型的酒品也应该进军年轻消费者市场，以扩大市场占有率。

四、燕陵蜜酒包装插画设计

燕陵蜜酒长卷插画的设计灵感来源于宋代诗人苏轼笔下《蜜酒歌》的情景，诗中描绘："巧夺天工术已新，酿成玉液长精神。迎宾莫道无佳物，蜜酒三杯一醉君。"长卷的开篇便以蜜酒为引，将燕陵蜜酒的酿酒工艺与古代历史故事相结合进行图像化、场景化的处理，以风俗画的形式对宋代古镇的街道、建筑、河道、集市等情景以及当时的社会民风民俗进行展现，同时体现出燕陵蜜酒一直坚持的绿色、健康、天然、生态的品牌文化理念。

长卷插画内容是对当时社会风貌的描绘和记录，绘画方式采用突出自然人文的艺术表现风格，穿插着当时各种各样的社会生活场景（见图 11-21 和图 11-22）。画面中有大面积的枣林，正值枣树开花的季节，勤劳的小蜜蜂正在花间忙碌地工作着，它们从枣花中取出优质的枣花蜜，制酒工匠则通过稀释、发酵、澄清、陈酿等工艺酿制出蜂蜜酒并装坛。画面近景处有一座简易木桥，供人们来往于农田之间。画中部所表现的瓦顶民居住宅呈"一字形"分布在画面中央，主屋为画面中心的燕陵蜜酒双层阁楼，连接市集村镇。市集上人们来来往往，有的在交谈，有的在往马车上装酒。中部还有一些村落，背山面水，周围环绕着枣树，沿山坡、水滨、路旁自由生长，整个村落都沉浸在枣花的清香之中。江边有亭阁和一座木构梁柱式长桥，两位热情好客的乡人正在等候即将到岸的草船，迎接到来的亲友。远处两艘帆船正在慢慢地向远方驶去。画面错落有致，富有情趣，令人回味无穷。长卷插画描绘出古代蜜酒飘香、欣欣向荣的生活场景，展现出蜜酒浓厚的历史感文化气息。

图 11-21　长卷插画（李林绘制）

千年枣林

场景1：燕陵镇的农田和枣林，农民在此处进行田间劳作，种植出上百亩树林。

养蜂取蜜

场景2：正值枣树开花的季节，花盘茂密气味香甜，不计其数勤劳的小蜜蜂正在花间心碎地工作着，它们采取枣树腺膝酿。养蜂人从蜂箱中取出蜂巢制作枣花蜜。

古法酿造

场景3：工人将制造出的蜂蜜通过稀释、发酵、澄清、陈酿等酿制工艺，酿制出蜂蜜酒装坛陈酿。

蜜酒飘香

场景4：画面画了燕陵蜜酒双层阁楼，工人正在将陈酿好的蜜酒进行搬运，准备到集市上进行售卖。蜜酒的香气布满整个小村镇。

肆市集镇

场景5：市集上来往人们热闹非凡，有的在交谈有的在往马车上装酒运往周边村镇。

山水之间

场景6：江边有两位热情好客的文人正在等候即将到岸的草船，迎接到燕陵镇来的亲信，远处两艘帆船正在慢慢向远方驶去。

图 11-22　插画场景分区图（李林绘制）

　　线条是铜版画创作的基本要素，线条的深浅变化体现虚实关系，不仅使产品设计在众多酒品设计中脱颖而出，而且赋予了产品形象厚重的质感和精雕细刻的手工感，体现出蜜酒自然淳朴的品质感（见图 11-23）。长卷插画保留了铜版画黑白的色彩，在后期包装设计以及衍生品设计中可以根据场景需要进行着色。

图 11-23　插画细节展示（李林绘制）

　　除了对长卷插画进行创作之外，设计师还对于酿酒流程、人物动态（见图 11-24）、蜜蜂、枣花（见图 11-25）等进行刻画。通过铜版画精确细腻的线条刻画出的枣花辨识度非常高，花瓣经脉平滑，细节处理准确，使小小的枣花展现出鲜活的生机和特有的魅力。叶片脉络根根分明，枝叶伸展结构优雅，这种描绘方式颠覆了人们对传统花卉绘画的印象，具有强烈的视觉张力，即使不着色也能表现出枣花的美感。枣花、蜜蜂等由于体积娇小，在生活中很少引起人们的关注，铜版画独特而简洁的处理方式放大了它们的细节，让人们能够细致地观察它们的形态，为画面增加了装饰性。

养蜂　　　取蜜　　　稀释　　　　高温杀菌　　　陈酿

图11-24　人物形象设计（李林绘制）

枣花

蜜蜂

枣树组合

枣花组合

图11-25　内容元素设计（李林绘制）

五、燕陵蜜酒包装设计方案

　　通过对燕陵蜜酒的历史渊源、制作流程和企业目标进行调查分析，笔者对企业品牌的设计需求做出了明确判断：燕陵蜜酒包装设计需要针对不同的人群传达蜜酒的独特品质以及乐陵地区的特有地域文化，从而打造出既具有历史文化底蕴和地域文化特色，又有时尚感和时代气息的包装。下面对燕陵蜜酒的现代包装设计转变加以说明。设计师根据不同的产品定位，将燕陵蜜酒的包装设计为"一品佳酿""礼尊至上""知蜜"等不同系列。

1. "一品佳酿"经典系列蜜酒

"一品佳酿"经典系列蜜酒包装设计以文化性和艺术性为特点，通过烤花工艺在瓶体上印制不同场景，将版画语言特色的插画精细地展现在瓶身上，给人细腻稳重之感，同时也更有历史韵味和文化气息。插画部分之外的瓶身透出蜜酒特有的琥珀色，插画的褐色与蜜酒的琥珀色搭配，把蜜酒映衬得更加通透纯净；简洁素雅的包装方便在市场上流通，适合多种场合售卖，"简约而不简单"实为永恒的经典理念（见图 11-26、图 11-27、图 11-28）。

图 11-26 "一品佳酿"经典系列蜜酒包装设计 1（李林绘制）

图 11-27 "一品佳酿"经典系列蜜酒包装设计 2（李林绘制）

图 11-28　"一品佳酿"经典系列蜜酒包装设计 3（李林绘制）

2. "礼尊至上"高端系列蜜酒

"礼尊至上"高端系列蜜酒主要针对高端需求，是接待、馈赠、走亲访友的首选产品。这款蜜酒的包装整体设计体现了燕陵蜜酒品牌的悠久历史，以版画高端大气的表现力搭配礼盒高级的工艺质感，彰显出蜜酒独一无二的纯酿特质。瓶身采用精美的陶瓷酒罐，通过烤花工艺将蜜酒插画印在瓶身之上，突出产品的悠远历史；方形盒身采用对开形式，盒身周边也绘有插画，体现装饰之美；整体包装色泽以褐色为主基调，散发出深沉浓厚的文化气息和奢华的现代风格。包装盒外部通过压痕技术凹印上燕陵蜜酒的标志与枣花的图案，优雅恬谧又不失文化感，不可忽视的还有盒盖上木刻的圆形蜂蜜造型，显得更加精致，突出产品的高端感（见图 11-29、图 11-30、图 11-31、图 11-32）。

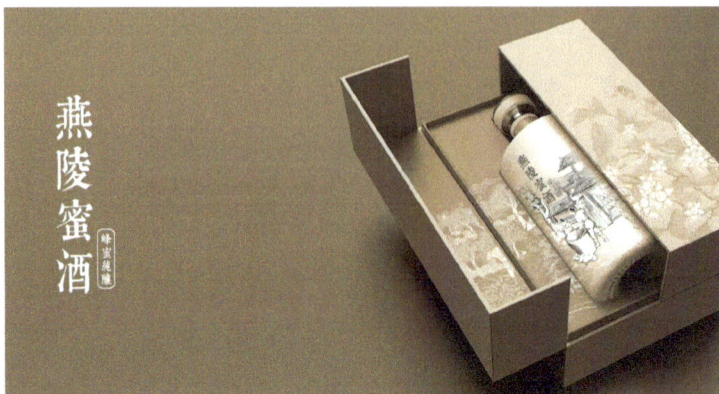

图 11-29 "礼尊至上"高端系列蜜酒包装设计 1（李林绘制）

图 11-30 "礼尊至上"高端系列蜜酒包装设计 2（李林绘制）

图 11-31 "礼尊至上"高端系列蜜酒包装设计 3（李林绘制）

图11-32 "礼尊至上"高端系列蜜酒包装设计4（李林绘制）

3. "知蜜"轻奢系列蜜酒

近年来，酒类饮品的消费人群趋向年轻化，在提倡健康饮酒的理念下，低酒精度酒品受到了年轻人的欢迎。女性对酒的需求量也在不断增加，而蜜酒味道甘甜，酒精度低，同时具有美容养颜等功效，因此在青年群体特别是女性消费群体中推广极具优势。燕陵蜜酒推出一款专为年轻群体打造的轻奢、小资且带有一点文艺范的低度酒饮——"知蜜"系列，名字寓意为闺蜜知己，希望年轻人们通过蜜酒表达最真挚的友谊。相比白酒、黄酒等酿造酒，蜜酒的酒精度数较低，口感也更加柔和，是更适合女性以及年轻群体的口味，这也正是"知蜜"蜜酒最大的卖点。针对年轻人市场尤其是女性群体，在包装方面推出以枣花为元素的简约化包装设计（见图11-33至图11-36），在设计中加入不同的色彩组合，色调浪漫温柔如蜜一般恬谧，瓶贴小巧精致。共设计有6款不同颜色的瓶贴随机发售，消费者可根据心情、喜好自由挑选。瓶型圆润饱满，增加了亲和力，通体造型简约精巧，给人蜜蜂蜂巢的感觉，放在货架上识别度非常高，阳光透过瓶身折射出光芒，晶莹而浪漫。

图 11-33　"知蜜"轻奢系列蜜酒 1（李林绘制）

图 11-34　"知蜜"轻奢系列蜜酒 2（李林绘制）

图11-35　"知蜜"轻奢系列蜜酒3（李林绘制）

图11-36　"知蜜"轻奢系列蜜酒4（李林绘制）

第六节　结论

版画在世界艺术史上占有重要的地位，版画承载的传统文化一直在潜移默化地影响着我们的设计思维。为了更好地领悟传统文化在包装插画中的作用，本章探讨了版画与插画的渊源，归纳出现代版画的语言特征，梳理了版画语言在包装插画中的应用方式，并通过实际案例总结版画语言运用于包装插画的意义。版画在包装设计中有重要的现实意义，不仅丰富了设计作品的情感和精神内涵，也使商业包装插画具有理性、文艺、创新、自然的风格面貌，同时也有利于传承和发扬版画自身的艺术特色。

伴随着社会的进步和科技的发展，东西方文化融合越来越明显，目前在包装插画中运用版画还有很大的空间，值得我们不断深入探索与尝试。设计不能拒绝传统和现代的文化元素，二者要相互融合，各取所长，从而形成民族性、根源性、稳定性、原创性的视觉表现力。新时代设计师更要具有国际视野，从本土传统文化和现代艺术中汲取灵感，把传统和现代有机地结合起来，形成多样的艺术形式，在融合成当代艺术潮流中，展现本土艺术特色，展示民族艺术魅力，推动现代设计的繁荣发展。

参考文献

[1] 赵聪超. 医药老字号品牌符号及其传播策略研究：以同仁堂、王老吉和云南白药为例 [D]. 苏州：苏州大学，2011.

[2] 张红英. 民国时期色彩艺术在食品包装设计中的应用：评《民国食品包装艺术设计研究》[J]. 中国酿造，2019（7）.

[3] 黄睿. 中华"老字号"食品包装设计的改进研究 [J]. 艺术探索，2010（2）.

[4] 厉春雷. 对传统文化的珍视与科技创新的持续钻研：一个 300 多年的日本酱油公司给中国老字号的启示（三）[J]. 现代营销，2011（1）.

[5] 裴德燕，肖琼娜. 中国传统美学对现代广告设计的影响：评《广告设计教程》[J]. 林产工业，2019（11）：133.

[6] 柯著林. 树立十种意识 推动我国包装业快速发展 [J]. 中国包装工业，2002（10）：8-10.

[7] 焦瑞琪. 传统文化在当代包装平面设计中的运用 [J]. 中国包装工业，2015（21）：89.

[8] 图兰，南帆. 叙事·叙述者·文本 [J]. 文艺理论研究，1992（5）：92-96.

[9] 孙基林. 有关事件与事件的诗学：当代诗歌的一种面相与属性 [J]. 文艺评论，2016（6）：16-24.

[10] 薛艳敏，武优. 老字号包装的叙事性设计研究 [J]. 包装工程，2020(10).

[11] 周灵. 图像的叙事方式 [J]. 现代装饰（理论），2013（7）：141.

[12] 葛培. 中国传统文化元素在食品包装中的传承设计：书评《食品包装学》[J]. 肉类研究，2020（3）：119-120.

[13] 许开祥. 探究"性别特征定位设计"形式在包装设计中的运用 [D]. 济南：

山东大学，2018.

[14] 胡素贞. "老字号" 品牌的包装设计探析 [J]. 包装工程，2012（10）.

[15] 宋莹莹. 上海老字号包装设计方法研究 [D]. 西安：西安理工大学，2018.

[16] 张琳琳，吴芳. 福建茉莉花茶的环保包装设计分析 [J]. 福建茶叶，2016，38（5）.

[17] 赵峰. 宗白华先生《美学散步》赏析 [J]. 美与时代，2017（8）.

[18] 焦会芳，卢昕. 设计的目的是人而不是产品 [J]. 城色，2010（1）：30-31.

[19] 卢静. 从地域文化看包装设计的特点 [J]. 大众文艺，2014（3）：3.

[20] 台佳. 包装设计与消费心理：浅谈白酒包装的传达价值 [J]. 新闻世界，2009（2）：102-103.

[21] 吴悦. 版画语言在插图中的实践研究：以《百鸟衣》为例 [J]. 美与时代，2019（6）：83-85.

[22] 刘旭颖. 版画式插画创作的探讨 [J]. 现代装饰（理论），2015（3）：150-151.

[23] 帖然. 数码摄影在当代商业插画中的多元表现 [D]. 长春：吉林大学，2014.

[24] 张恒. 商业插画在品牌形象塑造中的应用研究 [D]. 杭州：浙江理工大学，2014.

[25] 王昱. 插画的视觉文化解析 [J]. 才智，2008（5）：209.

[26] 方芳. 比亚兹莱的视觉语言在当代商业插画中的承袭与转化 [D]. 北京：中国艺术研究院，2010.

[27] 鲍瑜. 浅析现代插画设计的发展方向 [J]. 中国包装，2008（5）：33-34.

[28] 董萍. 浅谈新语境下书籍设计语言的特征 [J]. 艺术教育，2011（3）：142-143.

[29] 王雅妮. 浅谈插画在产品设计中的应用 [J]. 传播力研究，2019，3（33）：169.

[30] 刘晨洁. 现代插画艺术中传统图形符号的新拓展 [J]. 才智，2011（20）：

182.

[31] 卢军，张猛 . 论《阿 Q 正传》插图本的图像与文本的互动关系：以赵延年和裘沙、王伟君的插图本为例 [J]. 聊城大学学报（社会科学版），2021（1）：17-25.

[32] 张一博 . 情感化插画在包装设计中的应用 [D]. 岳阳：湖南理工学院，2019.

[33] 王曦 . 版画艺术语言在广告设计中的视觉应用 [J]. 歌海，2020（3）：90-92，109.

[34] 孙齐 . 当代版画创作中的精神表达：以李枪《种子》系列为例 [J]. 美术观察，2019（4）：132-134.

[35] 周黎芮 . 木刻版画造物思想在包装设计中的应用 [D]. 成都：西南交通大学，2019.

[36] 黄书声 . 蜂蜜酒的生产 [J]. 酿酒，1986（2）：38-42.

[37] 郝凤娇，张立华 . 蜂蜜酒的发展历史及现状 [J]. 现代农业科技，2020（17）：213-215.

后 记

本书从三个方面深入探讨了传统老字号企业的包装设计的现状、发展和改革实践。最初的包装只起到保护产品本身的作用，随着社会的发展、人们对商品包装审美等需求的提高，包装设计所承担的功用越来越多——地域文化元素的体现，消费者的心理需求、审美需求等，无不要在包装设计上加以反映，包装设计对于产品销售的重要性也越来越高。

本书重点论述了传统老字号企业在产品包装设计方面存在的不足，希望通过现代设计手法与传统地域文化加以融合，以增强老字号品牌的辨识度，扩大老字号品牌在消费者群体中的接受度，进而提升老字号企业的品牌竞争力。